Laércio Luis Vendite

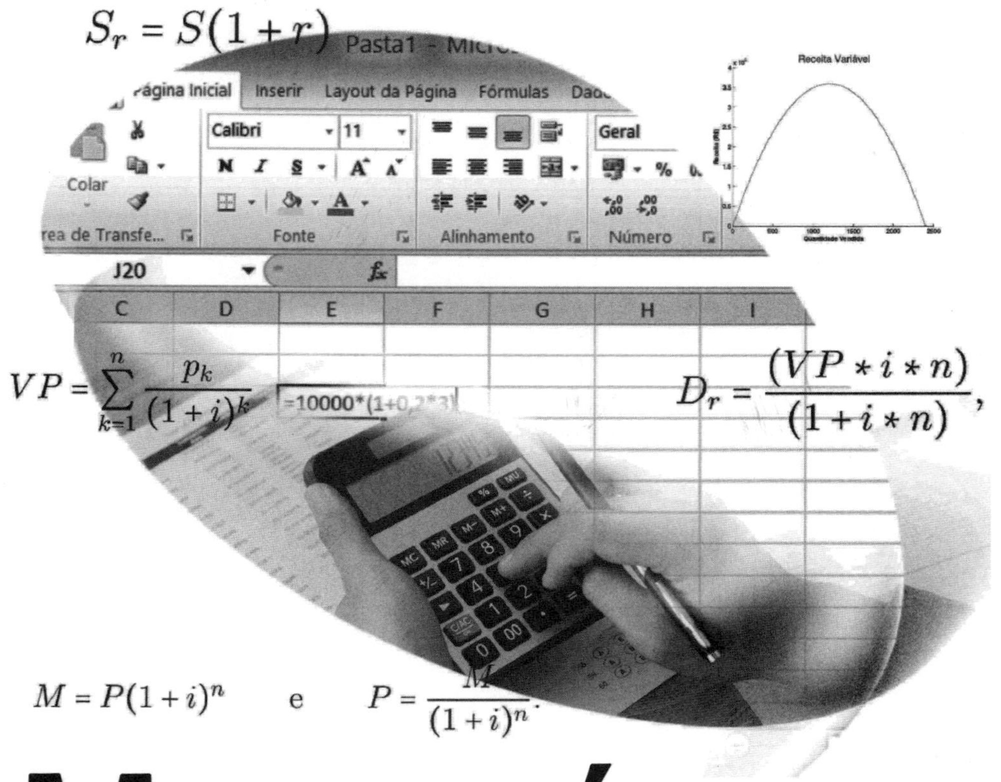

Matemática Financeira

e a utilização de planilhas eletrônicas

LAÉRCIO LUIS VENDITE

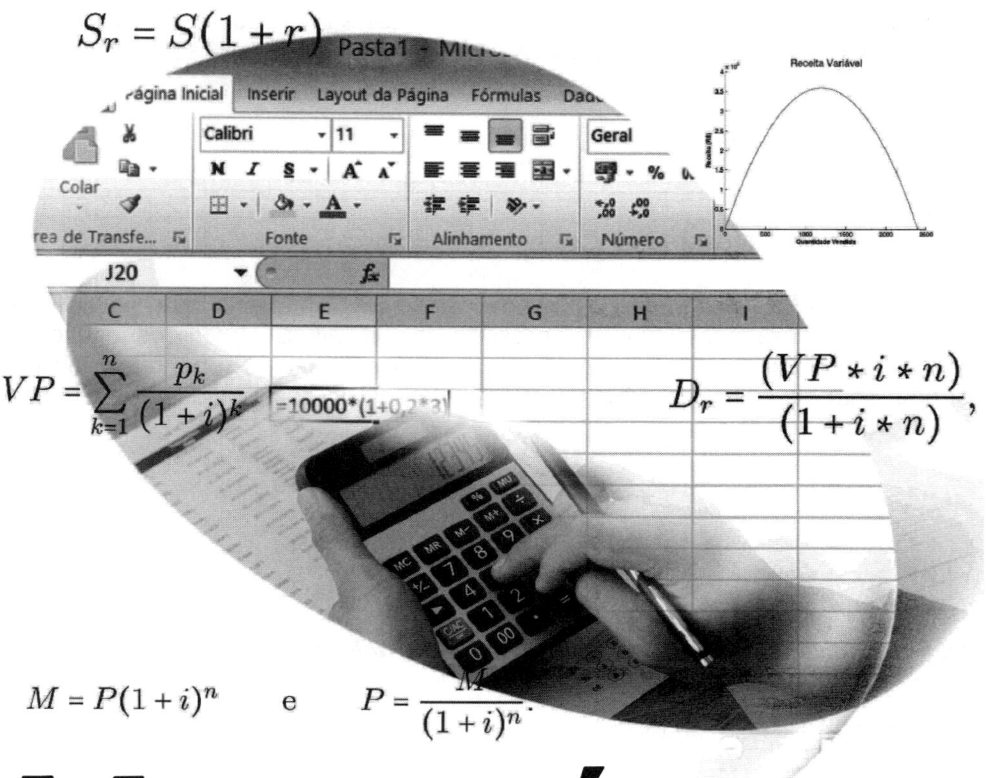

MATEMÁTICA FINANCEIRA

E A UTILIZAÇÃO DE PLANILHAS ELETRÔNICAS

EDITORA CIÊNCIA MODERNA

Editor: Paulo André P. Marques
Produção Editorial: Dilene Sandes Pessanha
Capa: Daniel Jara
Copidesque: Equipe Ciência Moderna

FICHA CATALOGRAFICA

VENDITE, Laércio Luis.

Matemática Financeira e a Utilização de Planilhas Eletrônicas

Rio de Janeiro: Editora Ciência Moderna Ltda., 2017.

1. Matemática Financeira
I — Título

ISBN: 978-85-399-0900-1 CDD 513.93

Editora Ciência Moderna Ltda.
R. Alice Figueiredo, 46 – Riachuelo
Rio de Janeiro, RJ – Brasil CEP: 20.950-150
Tel: (21) 2201-6662/ Fax: (21) 2201-6896
E-MAIL: LCM@LCM.COM.BR
WWW.LCM.COM.BR **04/17**

Dedico esta obra à minha nova paixão que chegou junto com este livro: O meu netinho Leonardo

Prefácio

Este livro que a princípio poderia parecer um guia prático de "sobrevivência financeira" vai muito além desta perspectiva, pois alia, de maneira surpreendente, a modelagem matemática ao raciocínio financeiro. Vendite transforma seu "manual de matemática financeira" em um poderoso instrumento de ensino-aprendizagem de matemática.

O texto é de leitura bastante agradável e os exemplos inseridos são provocativos e reais, mostrando a importância desta disciplina que muitas vezes é considerada irrelevante nas instituições de ensino.

Neste livro encontramos explicações a respeito de problemas que lidamos no cotidiano, correlacionados com os procedimentos de sistemas financeiros básicos, e seus modelos matemáticos. Assim é que juros, financiamentos, reajustes salariais, curvas de demanda, orçamentos, sistemas de amortizações, investimentos, etc., são problemas tratados de maneira bastante clara e natural.

O livro é muito rico em exemplos ilustrativos e busca equilibrar a importância das situações analisadas com o grau de dificuldade da aplicação da matemática. Ele vem preencher, de maneira bastante satisfatória, uma lacuna existente na bibliografia nacional.

Rodney C. Bassanezi

Agradecimentos

A minha ideia original não era de escrever esse livro, e sim de dar início a um movimento com o intuito de preparar as pessoas para um país melhor. Um futuro em que todos possam usufruir dos benefícios de seu trabalho sem padecerem por falta de compreensão financeira. Mas essa pretensão é grande demais para um só homem, e por isso precisei de ajuda e felizmente recebi e nesse momento nada mais justo que agradecer.

Inicialmente, agradeço a colaboração de meu aluno e amigo Murilo Luís Blas Silva pelo apoio técnico e pela ajuda nas elaborações e resoluções das atividades. Também agradeço ao professor e amigo Rodney Carlos Bassanezi e a minha filha Carol Vendite pelas palavras contundentes do prefácio.Ao meu amigo José Emílio Maiorino, e aos meus alunos Diego Nacimento, Gabriel Vivaldini, Alana Felisardo, Aigla Gomes e Charles H. M. Sobrinho pela ajuda incessante na edição do livro e pelo impecável trabalho de apoio a edição do arquivo LaTeX, e por dedicar horas e horas a fio na produção e revisão do texto.

Uma menção especial para o meu amigo Wanderson Luiz da Silva que juntos compartilhamos este projeto durante anos. Na elaboração da capa, contracapa e arte de Luiza Perocco Pazetti e na revisão do texto pude contar com o excelente trabalho de Diana Lourdes Prado de Morais. Da mesma forma agradeço ao grande profissional e amigo Jean Philippe Géara e sua empresa ISI Brasil pelo incentivo.

Pelo grande incentivo à minha família Sandra, Caroline, Mel e Alan que sem esta energia recebida esta obra não teria sido realizada.

Sumário

1

Apresentação

Frequentemente o ensino da matemática tem seguido uma linha axiomática, que só apresenta aos alunos a etapa final de um longo desenvolvimento de ideias e criações, ou seja, a parte que todos os conceitos já estão prontos e integrados num toque de harmonia e perfeição. Dessa maneira, este tipo de apresentação faz com que os conceitos matemáticos apareçam completamente desvinculados da realidade e, portanto, tornam-se abstratos, áridos, àqueles que tem interesse de aprendê-los.

Uma pessoa que entra em uma loja para comprar um televisor muitas vezes desconhece o tipo de matemática que terá que usar para ter condições de optar pelo plano mais vantajoso. Comprar à vista com 10% de desconto ou financiar em 3 parcelas iguais? Isso sem considerar o reajuste de 5% de seu salário em um período de inflação acumulada em 10%.

Para responder a questões como essas, procuramos, por intermédio desse livro, abrir um grande caminho para que seja implantado no ensino universitário ou médio, um tópico importante que frequentemente é colocado de lado em nosso cotidiano escolar que é a **Matemática Financeira**. A população brasileira desconhece aspectos elementares de compreensão de suas finanças. Um cidadão brasileiro, sem acesso ao nível superior, se submete ao nosso sistema educacional por 12 anos e frequentemente conclui seus estudos, sem perceber que os índices de inflação são médias ponderadas, que os financiamentos são progressões geométricas e taxas são raízes de polinômios. De acordo com a revista Exame de agosto de 2011, 2 em cada 3 consumidores não têm a menor ideia do custo de seus financiamentos.

Assim, a proposta deste livro não se encerra em apresentar as ferramentas usuais para resolução de problemas financeiros, Queremos desenvolver no leitor a capacidade de ajustar as diversas ferramentas que serão apresentadas para contextos diferentes de sua própria vida. A essa habilidade demos o nome de **raciocínio financeiro**.mas sim trabalhou-se para que os princípios para a compreensão de qualquer situação financeira estivesse contemplado dentro das teorias aqui apresentadas. Os requisitos para a compreensão das diversas situações que o cidadão enfrentará, em sua vida profissional ou pessoal, são postos na forma de textos objetivos e exercícios descritivos.

Um equívoco frequente é pensar que nossa vida financeira pode se resumir a compreender um conjunto de ferramentas teóricas e jargões. O fato é que as práticas financeiras têm um alto grau de dinamismo. O que conhecíamos como prática recorrente, como o uso de promissórias, pode em um período inferior a 5 anos ser praticamente extinta, enquanto o uso de compras virtuais, antigamente vistas como algo distante, se tornaram uma opção comum entre os consumidores. Dessa forma, é um erro acreditar que um livro de matemática financeira pode ter um dinamismo inferior ao dinamismo econômico. Daí a necessidade de desenvolver um aprendizado crítico, que transcenda a cultura escolar de aprendizado por reprodução.

Portanto, não se engane, este não é um livro de matemática, matemática financeira ou introdução a planilhas eletrônicas. Este livro é um "manual prático para sua sobrevivência financeira" ou se preferir, um "guia de cidadania", cabe a você perceber a importância de gerenciar, de forma consciente, seus próprios recursos e assumir responsabilidade por seu sucesso financeiro.

1.1 Como usar este livro?

Este texto está, e sempre estará, em processo de desenvolvimento. Toda obra que se dispõe a dar ferramentas para a análise financeira é dependente das práticas de mercado vigentes no momento da análise.

A ideia é que este livro apresente conteúdos fundamentais a compreensão sobre as práticas que governam o nosso cotidiano financeiro. Diversos problemas e situações são apresentados e a partir da compreensão das resoluções, mais do que a simples reprodução das contas, se espera que o leitor desenvolva a qualidade, aparentemente subjetiva, de interpretar os diversos eventos financeiros de sua vida. A proposta é que a partir desta compreensão, associada às ferramentas teóricas, as pessoas sejam capazes de racionalizar suas decisões. O uso adequado deste livro se sustenta em dois pilares fundamentais:

A resolução de exercícios: Para ler este livro, além do livro, você precisa de caneta e papel para escrever. Temos como estratégia de ensino apresentar o mínimo possível de teoria e já partir para atividades que introduzam os conceitos fundamentais. Que a resolução e explicação das atividades sejam não só responsáveis por explicar um conceito, mas por vezes, introduzi-lo. Entretanto, recomendamos que além de apenas ler e compreender as atividades e exemplos, que se resolva as contas de forma solitária e sem consulta.

A proposta é usar uma metodologia antiga de aprendizado e completamente subestimada, o paradigma de resolução de exercícios para fixação. Existem evidências neurológicas de que a resolução de exercícios, após a leitura e compreensão de um texto, aumenta, em muito, sua fixação, e mesmo que as vezes se pareça estar perdendo tempo ao empacar em um exercício, se lembre que a velocidade de aprendizado é diferente em cada um de nós. No final, o tempo que se gasta para aprender algo impacta pouco em nossas vidas, o que de fato interessa é a profundidade do aprendizado e o que fazemos com aquilo que aprendemos. Sendo assim, é improvável que você faça uso natural dos conceitos de financiamento SAC na compra de sua casa própria, se a sua única preocupação ao ler o capítulo de "Sistemas de Amortização" for ir o mais rápido possível para a próxima página. Desenvolva uma compreensão funcional (como fazer), depois reflita sobre os detalhes das resoluções (porque as contas são assim), mas não se esqueça: você SEMPRE deve resolver os exercícios e nunca tratar as atividades e exercícios de forma passiva, apenas lendo e nunca escrevendo.

O uso de planilhas eletrônicas: Inúmeras situações serão desenvolvidas, sendo que algumas não possuem uma solução em forma fechada ou com contas simples. Portanto, alguns resultados ou aproximações só poderão ser obtidos através de métodos numéricos e pelo uso de **planilhas eletrônicas**.

A planilha eletrônica é uma folha de cálculo disposta em forma de tabela, na qual podem ser efetuados rapidamente vários tipos de cálculos matemáticos seguindo uma filosofia matricial. Pode ser utilizada em qualquer atividade que tenha a necessidade de efetuar cálculos financeiros, estatísticos ou científicos.

As planilhas eletrônicas tiveram sua origem com o VISICALC, no final da década de 70, com Daniel Bricklin e Robert Frankston, respectivamente alunos de Harvard e do MIT. Surgiram inicialmente para poupar as pessoas de cálculos em controladoria que podiam levar semanas. O impacto da invenção foi tão grande que muitos associam o extenso uso do computador pessoal nos dias de hoje a criação do VISICALC.

O uso de planilhas eletrônicas se tornou um conhecimento imprescindível no aspecto profissional e ganhou grande mobilidade com as tecnologias atuais. Os computadores, *tablets* e *smartphones* ganharam potência e mobilidade. Pode-se facilmente usar uma planilha eletrônica em um aparelho com Android.

Observemos que apesar do termo geral *planilhas eletrônicas*, usamos em todos os exemplos deste livro o programa *Excel versão 2010*. O que não afeta em nada sua capacidade de resolver os exercícios a partir de outros aplicativos como *LibreOffice*, *Google Spreadsheet*, *Kingsoft Office*, *Documents To Go* ou *OpenOffice Calc*. Cada uma dessas ferramentas tem suas particularidades, forças e fraquezas.

1.2 Aprendendo na internet

Em uma geração de jovens crescendo em meio a *terabytes*, estamos presos a um modelo de aprendizado e ensino que não se ajustou ao ritmo frenético de conteúdos diariamente disponibilizados na rede internacional de computadores. Antigamente se tirava dúvidas ficando horas mergulhado em uma biblioteca, olhando textos intermináveis em enormes enciclopédias, na atualidade, essa prática é quase inexistente.

Uma criança que não entenda logaritmo pode acessar um buscador (*e.g. google.com*) e em menos de um quarto de segundo obter mais de 300.000 recomendações. E caso as recomendações do Google e os artigos da *Wikipedia* não sejam suficientemente claros, ela pode acessar repositórios de recursos educacionais, como o projeto **M3 da Unicamp** e obter materiais desenvolvidos pelos melhores professores do país. Em breve as "crianças" vão perguntar como os mais velhos enviavam *e-mails* pela máquina de datilografar e como usavam o *facebook* no telefone de ficha.

Com uso da tecnologia, podemos mudar a forma centralizada como realizávamos a transferência de conhecimento para um modelo colaborativo. Desde que a internet se tornou um repositório infindável de recursos para aprendizado, saber como pesquisar na internet se tornou uma habilidade imprescindível.

A coleção M^3 (`m3.ime.unicamp.br`) é um repositório de recursos educacionais com mais de 350 vídeos, áudios, softwares e experimentos, que se pode copiar, distribuir e exibir.

O inconveniente disso tudo é que passamos da antiga crise de informação para uma atual crise de credibilidade. Existem muitos sites que oferecem informações sobre finanças, mas assegurar que estas informações são plenamente corretas, pode limitar o uso da internet como fonte de aprendizado.

Existem infindáveis fontes de aprendizado na internet, das quais sugerimos os *sites* da Bovespa (`www.bmfbovespa.com.br`) e do Bacen (`www.bcb.gov.br`), os educacionais e de atualização como educação financeira (`www.educacaofinanceira.com.br`), dicas de especialistas como Mara Luquet (`www.g1.globo.com/jornal-da-globo/MaraLuquet.html`) e a excelente série de programas produzidos pela Bovespa em parceria com a Tv Cultura (`www.tveducacaofinanceira.com.br`).

2

Elementos de matemática financeira

A matemática financeira utiliza uma série de conceitos matemáticos aplicados à análise de dados financeiros e por isso se mostra imprescindível para entendermos as práticas comerciais do dia a dia. Os problemas clássicos de matemática financeira estão ligados a questão do valor do dinheiro no tempo e como interpretar problemas de juros e inflação. Os conceitos a seguir serão fundamentais para a compreensão e resolução de todos os problemas que serão apresentados.

2.1 Unidades de Juros

Antes de ler o capítulo

A nota de R$ 10,00 começou a circular em 1 de julho de 1994. Você saberia dizer seu valor na atualidade descontado os efeitos da inflação? Responderemos neste capítulo.

Dentre os aspectos mais marcantes dos que iremos estudar, encontra-se o estudo dos juros. Pode-se dizer que os problemas da matemática financeira sempre envolve o cálculo de juros, de modo direto ou indireto. Por isso, é de fundamental importância que se aprenda e fixe os conceitos envolvendo juros, sejam simples ou compostos. Na experiência prática, o conceito de juros se encontra associado a quantias monetárias, representando a remuneração ganha ao se emprestar dinheiro ou o custo pago ao se tomar dinheiro emprestado. Os valores de juros são vinculados ao tempo de empréstimo, que pode ser arbitrado em períodos diários, mensais ou anuais.

Tabela 2.1: Notação de períodos para incorporação de juros.

Notação	Significado	Exemplos
a.a.	o juro é incorporado em ciclos anuais, ou seja, a cada 12 meses.	10% a.a. faz a quantia inicial X aumentar para 1,1X após 1 ano.
a.s.	juros em ciclos semestrais, ou seja, a cada 6 meses.	10% a.s. faz a quantia inicial X aumentar em 1,1X após 6 meses.
a.m.	juros em ciclos mensais, ou seja, todo mês	10% a.m. faz a quantia inicial X aumentar em 1,1X após 1 mês.
a.d.	incorporação diária de juros. ou seja, todo dia	10% a.d. faz a quantia inicial X aumentar em 1,1X após 1 dia.

Exemplo 1. Um capital de R$ 1.000,00 aplicado a uma taxa de 8% a.a. proporcionará, no final do 1º ano, os juros de:

$$8\% \text{ de } 1.000 = \frac{8}{100} \cdot 1000 = 80$$

A taxa de juros pode ser expressa em porcentagem 8% $a.a.$ ou fração decimal 0,08 $a.a.$

Exemplo 2. O mesmo capital de R$ 1.000,00 aplicado a uma taxa de 8% a.a. proporcionará, no final do 2º ano, os juros de:

$$16\% \text{ de } 1.000 = \frac{16}{100} \cdot 1000 = 160$$

caso seja capitalizado sempre sobre o capital inicial de R$1.000,00, caso contrário é necessário que seja definido qual regime deve ser adotado

---

2.2 Tipos de Juros

Como explicado anteriormente, juro é a quantia em dinheiro que um devedor deve pagar pela utilização de dinheiro de um credor, àquele que empresta. Para calcular o quanto de juros se deve pagar, deve-se estipular no momento de empréstimo se o seu regime de capitalização será simples ou composto.

A maioria das operações envolvendo dinheiro utiliza juros compostos. Estão incluídas: compras a médio e longo prazo, compras com cartão de crédito, empréstimos bancários, as aplicações financeiras usuais como Caderneta de Poupança e aplicações em fundos de renda fixa, etc. Raramente encontramos uso para o regime de juros simples: são os casos das operações de curtíssimo prazo, e dos cálculos dos juros de mora, como exemplo temos o acréscimo por atraso em pagamentos de contas.

■ Juros Simples

O cálculo de juros, sob regime simples, significa calcular os juros de cada período sempre em função do capital inicial empregado.

Analise o problema. Qual o montante acumulado em 3 meses a uma taxa de 20% a.m., no regime de juros simples, a partir de um capital inicial de R$ 10.000,00? Utilize a tabela a seguir, de cálculo dos montantes acumulados e juros para n períodos, para responder essa pergunta.

Período	Juros	Montante
0	0	10.000
1	2.000	12.000
2	2.000	14.000
3	2.000	16.000
...	...	...
n	2000	10000+2.000*n

Tabela 2.2: Simbologia utilizada para cálculo de montante.

Notação	Significado
P	principal ou valor inicial (**V**).
M	montante ou valor final (**VF**).
J	juros obtidos durante a aplicação/empréstimo.
n	quantidade de períodos que totaliza o tempo (t) da aplicação/empréstimo.
i	taxa de juros aplicada a cada período de capitalização.

Usando a notação apresentada na tabela, temos que o juro e o montante, em regime de capitalização simples, são calculados da seguinte forma:

$$J = P \cdot i \cdot n \qquad \text{e} \qquad M = P \cdot (1 + i \cdot n),$$

onde $M = P + J$. No caso anterior, $P = 10.000{,}00$, $i = 0{,}2$ a.m. e $n = 3$. Logo,

$$M = 10000 \cdot (1 + 0{,}2 \cdot 3) = 16.000{,}00.$$

Como visto, o regime de capitalização simples é representado aritmeticamente pela equação de uma reta, portanto, o capital cresce de forma linear. Disso, conclui-se que é indiferente se os juros são pagos periodicamente ou no final do período total.

No computador

Utilizando o Excel pela primeira vez aparecerá a seguinte interface:

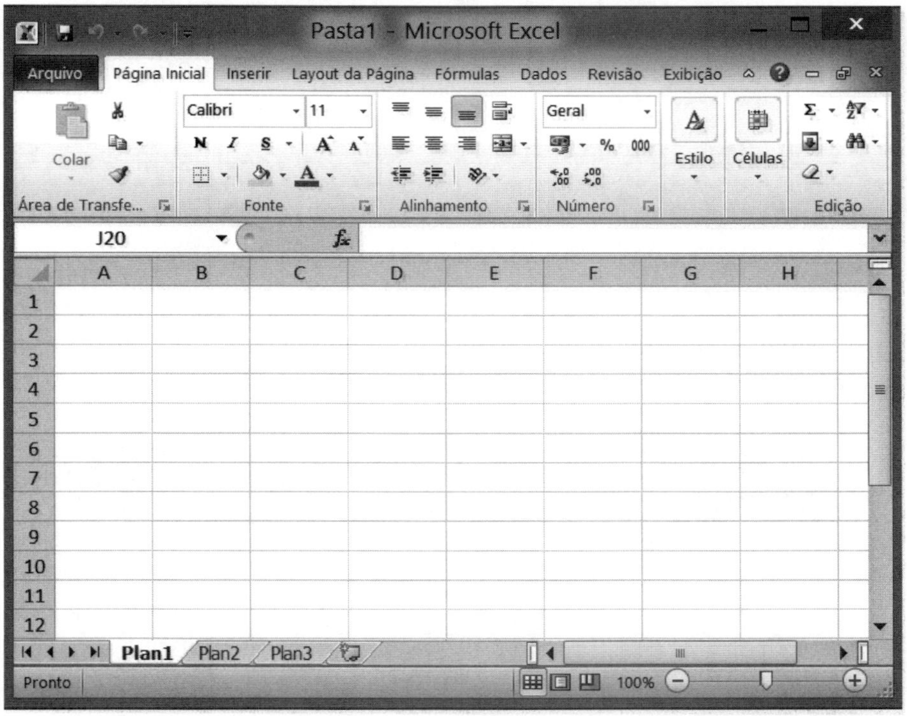

Figura 2.1: Interface do Excel 2010

Selecione uma célula (no caso da figura, a célula B4) e coloque `=10000*(1+0,2*3)`, ao apertar o Enter o programa resolverá. Nunca esqueça de colocar o sinal $=$, pois sem ele o programa não resolverá a conta, apenas escreverá na célula, também há a opção de escrever na Linha de Entrada.

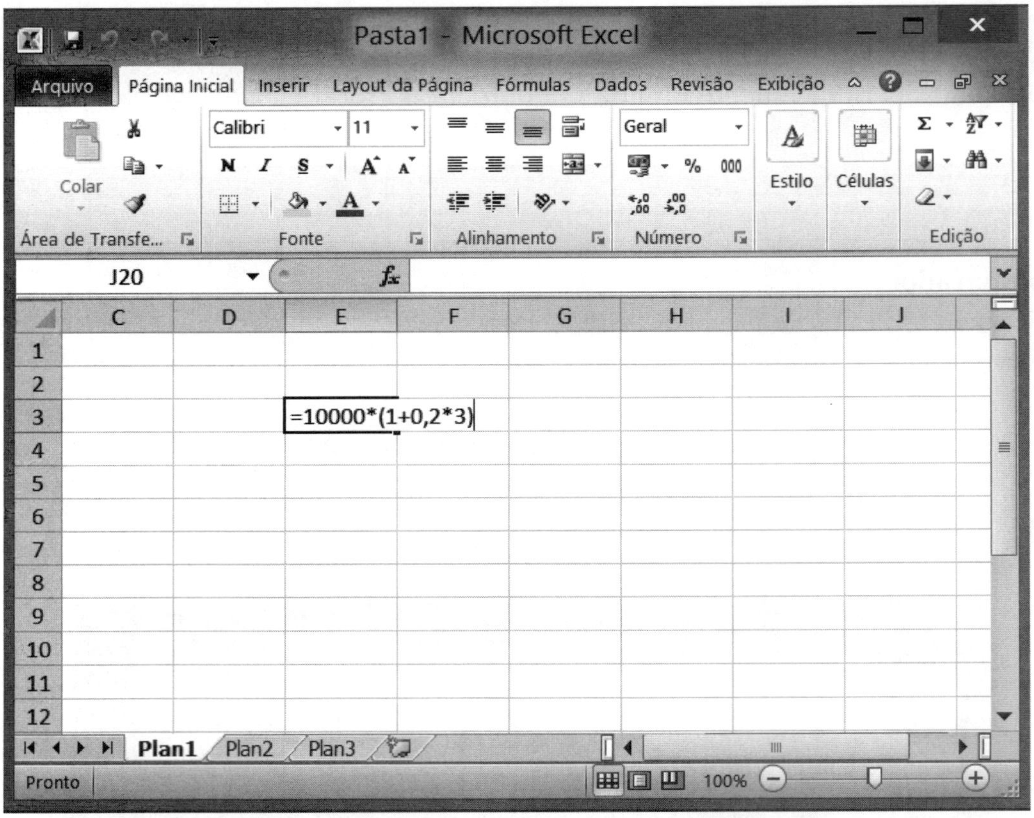

Figura 2.2: Primeiro contato com a Interface

Sempre que precisarmos de uma nova ferramenta, ensinaremos no decorrer do livro. Para o início deste livro, lembraremos apenas dos operadores da tabela.

Operadores Numéricos			
Operador	**Nome**	**Exemplo**	**Resultado**
+	Adição	= 10 + 5	15
-	Subtração	= 10 – 5	5
*	Multiplicação	= 10 * 5	50
/	Divisão	= 10 / 5	2
^	Potenciação	= 10 ^ 5	100000
%	Porcentagem	= 10%	0.1
=	Igualdade	= 10	10

■ Juros Compostos

No regime de juros compostos, o valor dos juros de cada período é obtido pela aplicação de sua taxa sobre o saldo do período antecessor. É o regime mais amplamente adotado nas práticas comerciais brasileiras e no mercado financeiro. Todos os papéis de renda fixa, sistema de habitação, crediário e outros se utilizam do regime de juros compostos.

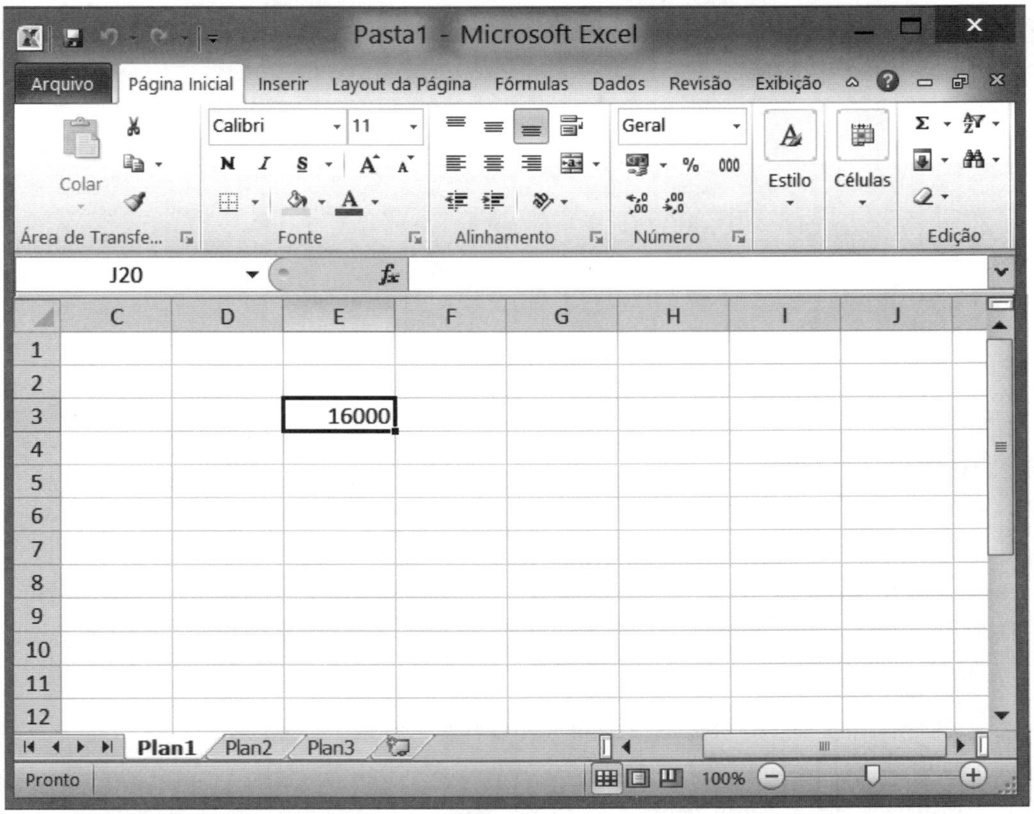

Figura 2.3: Interface com resolução

Analise o problema. Qual o montante acumulado em 2 meses a uma taxa de 20% a.m., no regime de juros compostos, a partir de um capital inicial de R$ 10.000,00? E para 7 meses? E para outros períodos, como você calcularia? Utilize a tabela a seguir, de cálculo dos montantes acumulados e juros para n períodos, para responder a essa pergunta.

Tabela 2.3:Tabela Juros Compostos

Período	Juros	Montante
0	0	10000
1	2000	12000
2	2400	14400
3	2880	17280
...	...	...
n	j	10000.(1+0,2)^n

Utilizando a tabela, pode-se expressar o juro e o montante, em regime de capitalização composta, da seguinte forma:

$$M = P(1+i)^n \qquad \text{e} \qquad P = \frac{M}{(1+i)^n}.$$

Para o caso apresentado, $M = 10.000{,}00$, $i = 0{,}2$ a.m. e $n = 3$. Logo,

$$M = 10000 \cdot (1+0{,}2)^3 = 17.280{,}00.$$

Observação

1. A unidade de medida de tempo n deve ser compatível com a unidade utilizada na taxa de juros, ou seja, se a capitalização é dada anualmente $(a.a.)$, o tempo decorrido deve ser dado em múltiplos do ano. Seja $i = 5\%\,a.a.$ então o tempo de 30 meses deve ser expresso como $t = 2{,}5$.

2. A taxa de juros deve ser expressa em fração decimal e não em porcentagem. Essa observação serve para prevenir o erro de se usar a taxa i com o valor inteiro da taxa quando se usa 7 no lugar de 0,07 ou 7%.

2.3 Taxa de Juros

A taxa de juros é a proporção do reajuste do montante em função do ciclo de capitalização. Os termos $5\%\,a.a.$, $12\%\,a.m.$ e $7\%\,a.d.$ são exemplos de taxas de juros. Enquanto a taxa é o percentual aplicado ao valor inicial, o juro se refere ao efetivo valor acrescido no principal.

Você sabia?

A taxa referencial (TR) foi criada no Plano Collor II para ser o principal índice brasileiro - uma taxa básica referencial dos juros a serem praticados no mês vigente e que não refletissem a inflação do mês anterior.
Uma descrição detalhada da TR pode ser encontrada em `portalbrasil.net/tr_mensal.htm`

Existe mais de um tipo de taxa, como as taxas pré-fixadas, pós-fixadas, efetiva e nominal. A escolha dos tipos de taxa leva em conta o perfil da operação ou práticas do mercado. Por exemplo, os contratos de crédito imobiliário frequentemente aplicam taxas nominais pré-fixadas (definida no momento do contrato) e taxas pós-fixadas referenciadas pela TR.

■ Taxa Efetiva ou Real

É a taxa cuja a unidade de referência de tempo coincide com a unidade de tempo do prazo de capitalização.

Exemplo 3. Suponha que você tem um investimento de R$10.000 com $i = 3\%\, a.m.$ capitalizados **mensalmente**, assim há coincidência entre a dimensão da taxa (3% **a.m.**) e a dimensão do tempo de empréstimo (também a.m.), logo este investimento possui uma taxa efetiva de 3% $a.m.$

■ Taxa Nominal

Atenção

É importante observar que a obtenção da taxa efetiva, a partir da taxa nominal é obtida pela conversão linear entre as taxas. Ou seja, apesar de em muitos casos a taxa nominal se referir a uma transação no contexto composto de juros, sua conversão de taxa nominal para taxa efetiva é sempre obtida pela conversão em uma perspectiva simples.

Na taxa nominal não há coincidência entre sua unidade de tempo e a unidade de tempo dos períodos de capitalização. Em geral é fornecida em termo anual, enquanto que os períodos de capitalização são mensais. Para se calcular os juros deve-se sempre converter a taxa nominal em taxa efetiva, pois a taxa nominal acordada serve apenas para demonstrar os efeitos dos juros durante seu período.

Exemplo 4. Suponha que você tenha um financiamento de R$10.000 com $i = 12\%\ a.a.$ capitalizados mensalmente, logo um está em forma **anual** e outro **mensal**. Isso significa a taxa efetiva será de $\frac{12\%}{12 \text{ meses}}$, portanto de 1% a.m. e esta taxa de 12% a.a. será a taxa nominal.

■ Taxas Proporcionais

Duas ou mais taxas são proporcionais quando ao serem aplicadas sobre um mesmo principal P, durante um mesmo prazo n, produzirem um mesmo montante M, no regime de juros simples.

Exemplo 5. Temos que $12\%\ a.a. \sim 6\%\ a.s. \sim 3\% a.t. \sim 1\% a.m.$, onde lê-se ~ como proporcional.

Isso decorre de $M = P(1+i_a) = P(1+12\cdot i_m) = P(1+4\cdot i_t) = P(1+360\cdot i_d)$

Taxas Equivalentes

Duas ou mais taxas são equivalentes quando ao serem aplicadas sobre um mesmo principal P, durante um mesmo prazo, produzirem um mesmo montante M, no regime de juros compostos.

$$M = P(1+i_a) = P(1+i_m)^{12} = P(1+i_t)^4 = P(1+i_d)^{360}$$

Exemplo 6. Uma taxa de 1% $a.m.$ equivale a uma taxa de 12,68% $a.a.$ pois, $1+ia = (1+i_m)^{12}$ e como $i_m = 0{,}01$ então $i_a = (1{,}01)^{12} - 1 \approx 0{,}1268 = 12{,}68\%$. Reciprocamente uma taxa efetiva de 20% a.a. é equivalente a 1,53% a.m., pois

$$i_m = \sqrt[12]{1+i_a} - 1 = \sqrt[12]{1+0{,}2} - 1 = 0{,}0153 = 1{,}53\%.$$

2.4 Taxa de Desconto

Outras categorias de taxas são as de desconto e de rentabilidade. O desconto, em um contexto informal, pode ser entendido de forma livre como uma redução do valor de um produto resultante de uma negociação entre as partes envolvidas no negócio. Entretanto, aqui usaremos o desconto como o decrescimento de um valor por recebê-lo adiantado.

Existem duas modalidades de desconto conhecidas: desconto racional simples (ou por dentro) e desconto comercial simples também conhecida como desconto simples, bancário ou por fora.

Exemplo 7. Desconto racional simples

O conceito básico de taxa de desconto a juros simples era muito utilizado em determinadas operações bancárias, tais como desconto em notas promissórias e descontos em duplicatas.O desconto simples racional (ou por dentro), é aplicado sobre o valor atual do título e utiliza a taxa efetiva para o cálculo. O cálculo deste desconto funciona análogo ao cálculo de juros simples. Sabendo que

$$D_r = \frac{(VP * i * n)}{(1 + i * n)},$$

suponha que tenhamos uma promissória de R$7000,00 em regime de juros simples, a uma taxa de 40% a.a. vencível em um ano. Caso seja seu pagamento adiantado 4 meses qual será o valor do desconto recebido?

Solução:

Como $D_r = \frac{(VP*i*n)}{(1+i*n)}$, com i=40% e VP=7000,00 temos:

$$D_r = \frac{(7000 * 0{,}4 * \frac{4}{12})}{(1 + 0{,}4 * \frac{4}{12})}$$

Aqui temos que o desconto foi $D_r = 823{,}53$. Em **desconto racional simples** o desconto é uma inversão sobre a visão do juros.

Em desconto comercial simples (ou por fora) a taxa de desconto D é aplicada durante n períodos, ou seja, pelo valor futuro. Este é o desconto mais utilizado dentro da área financeira. Em provas de concurso, a menos que se diga explicitamente para usar a forma racional de desconto simples, usa-se a forma comercial.

O Desconto Comercial Simples tem como base o Juro Simples, então, sendo todas as operações baseadas nele.

$$D_c = VF * i * n$$

Exemplo 8. Desconto simples

Um indivíduo possui um título de R$7000,00 a ser descontado com uma taxa de 40% a.a.. Faltando 4 meses para o vencimento do título diga qual seria a taxa de desconto.

Solução:

$$D_c = 7000 * 0{,}40 * \frac{4}{12}$$

Dessa forma o indivíduo teve um desconto de R$ 933,33.

> A taxa de rentabilidade é a taxa percentual que exprime a lucratividade de um determinado ativo.

Existe uma relação entre a taxa de rentabilidade e as taxas de descontos. Sejam d a taxa de desconto em cada período, P o principal e M o montante. Convém então lembrar que a taxa de rentabilidade i é aplicada sobre o principal P, durante n períodos, para gerar o montante M. Por outro lado, a taxa de desconto é aplicada sobre o montante e não sobre o principal.

2.5 Equivalência de Capitais e Fluxo de Caixa

> Você prefere ganhar R$ 100,00 agora ou R$ 110,00 daqui a um mês?

Os problemas de matemática financeira são essencialmente relacionados aos conceitos de valor e tempo. Disso, um assunto recorrente, sobretudo em países com um histórico de altas taxas de inflação, é o problema da **atualização monetária**. Grande parte dessa teoria consiste em interpretar problemas de juros e inflação. O domínio sobre os conhecimentos que envolvem a atualização monetária tem relevância não apenas para dimensionar o poder de compra da moeda, mas também porque não é raro acontecer que a atualização monetária pode dissimular a prática de juros ocultos.

> Essa preferência por recompensas imediatas pode ser mais do que um problema, nossa inabilidade em adiar gratificações e recompensas pode acabar detonando nosso orçamento.

Conceitos importantes

Data base é a data considerada como base de comparação dos valores referidos à datas distintas.

Equação de valor é a equação que, dada uma certa taxa de juros, permite igualar capitais distintos referidos em datas distintas, mas levados para a mesma data base.

Capitais equivalentes dois ou mais capitais, com datas de vencimento determinadas, são equivalentes quando levados para uma mesma data focal à mesma taxa de juros, e tiverem valores iguais nesta data.

Exemplo 9. Valor atual de um conjunto de capitais

Seja um fluxo de caixa, constituído de n saídas, como descritos na tabela abaixo, submetidos a uma taxa de rentabilidade i *a.m.*. Qual seria o VP, ou seja, o valor atual das aplicações na data do primeiro vencimento?

Você sabia?

Desde o lançamento da nota de R$ 10,00, em 1.º de julho de 1994, até o 1º de julho de 2015, a inflação acumulada, medida pelo IPCA, foi de 402,4%. Assim, um produto que custava R$ 1,00 em 1994 custa hoje R$ 4,02. Isso fez com que o poder real de compra da nota caísse de 10 reais, seu valor nominal e real no dia do seu lançamento, para menos de R$ 1,90.

Tabela 2.4: Aplicações mensais durante n meses.

Aplicações	Mês
p_1	1
p_2	2
p_3	3
...	...
p_n	n

Solução:

Esse é um bom exemplo de deslocamento de dinheiro no tempo. O conjunto de capitais é uma carteira de aplicações e pode ser caracterizado pelo valor nominal do título e por sua data de vencimento. Sujeito a uma taxa mensal i, o valor presente da carteira (VP) pode ser obtido da seguinte forma:

$$VP = \sum_{k=1}^{n} \frac{p_k}{(1+i)^k}$$

Observe que este exemplo nos permite trabalhar o conceito de soma de valores aplicados em instantes distintos do tempo, ou seja, quantias aplicadas ou emprestadas em instantes distintos não pode ser simplesmente somadas, devem ser postos seus valores equivalentes em uma única data focal para que se possa realizar essa soma.

As pessoas e empresas têm a necessidade de controlar o fluxo de montantes recebidos e gastos durante um período de tempo definido. Além disso, a maioria dos problemas de matemática financeira pode ser convertido em um problema de deslocamento de valores ao longo do tempo. Ambos os problemas carecem de uma representação eficiente, para este fim existe uma ferramenta amplamente adotada que é o diagrama de fluxo de caixa.

Diagrama de fluxo de caixa

Denominamos diagrama de fluxo de caixa (de um individuo, de um investimento, de um negócio, etc.) a representação gráfica de entradas e saídas de valores ao longo do tempo.

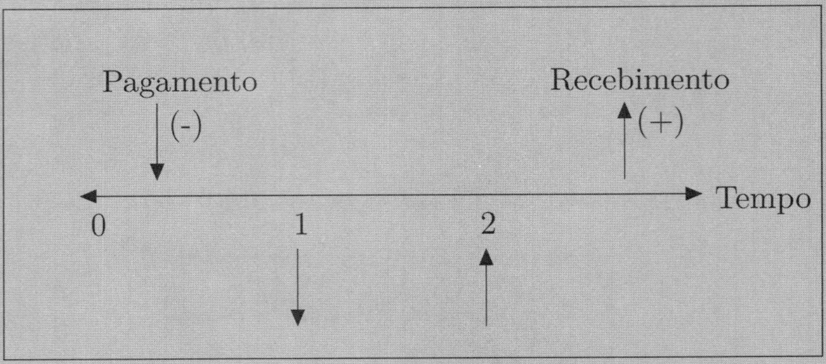

Figura 2.4: Esboço explicativo de como funciona um fluxo de caixa.

A escala horizontal representa o tempo, que pode ser expresso em dias, meses, anos ou outros, isso irá depender do ciclo de tempo que se usa para a capitalização do investimento/empréstimo. Os números 0, 1 e 2 representam as datas de entradas e saídas de dinheiro. Observa-se que por convenção, as entradas de valores serão representadas por setas apontadas para cima, as de sinal (+), enquanto que as saídas serão representadas por setas apontadas para baixo, de sinal (-).

Exemplo 10. Vamos representar o diagrama de fluxo de caixa de um investimento de R$ 100,00 a uma taxa de 10% ao mês, no regime de juros simples e em que todo o valor da aplicação é retirado ao final do 3° mês.

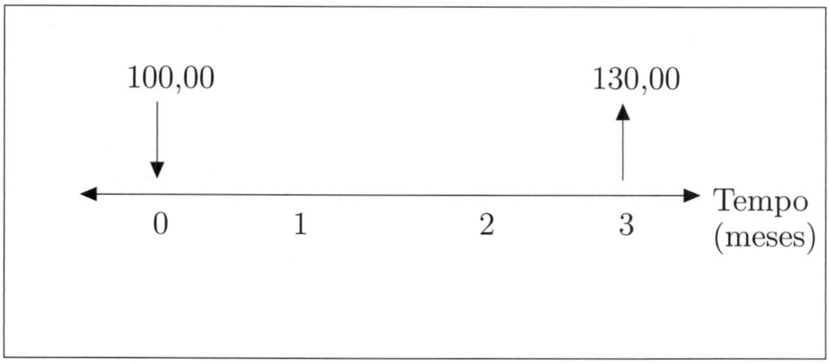

3

Curvas de Demanda e Oferta

Existem diversos conceitos que auxiliam a compreensão das finanças, mas a precificação de produtos e o comportamento dos consumidores são provavelmente os elementos que mais afetam a nossa vida financeira. Para entender como o consumo afeta a forma como os preços são formados é importante entender a lei empírica de oferta e demanda. Essa lei é uma forma de estabelecer relações entre os eventos de **demanda** (quantidade de um bem ou serviço que os consumidores desejam adquirir) e a **oferta** (quantidade de bens ou serviços disponibilizados à venda).

3.1 Princípios

> A estratégia das liquidações sazonais, baixando o preço para se aumentar as vendas, são expressões intuitivas da lei de ofertas e demandas.

As curvas de oferta e demanda são gráficos da relação entre preços e quantidade para oferta e para procura. Para construir as curvas de demanda, de oferta e de receita variável aceitam-se certas hipóteses. Admitir que esses eventos podem ser bem descritos por funções lineares (retas) e funções exponenciais, e também que a demanda tende a cair quanto maior for o preço de um produto e que a oferta tende a crescer à medida que se aumenta o preço.

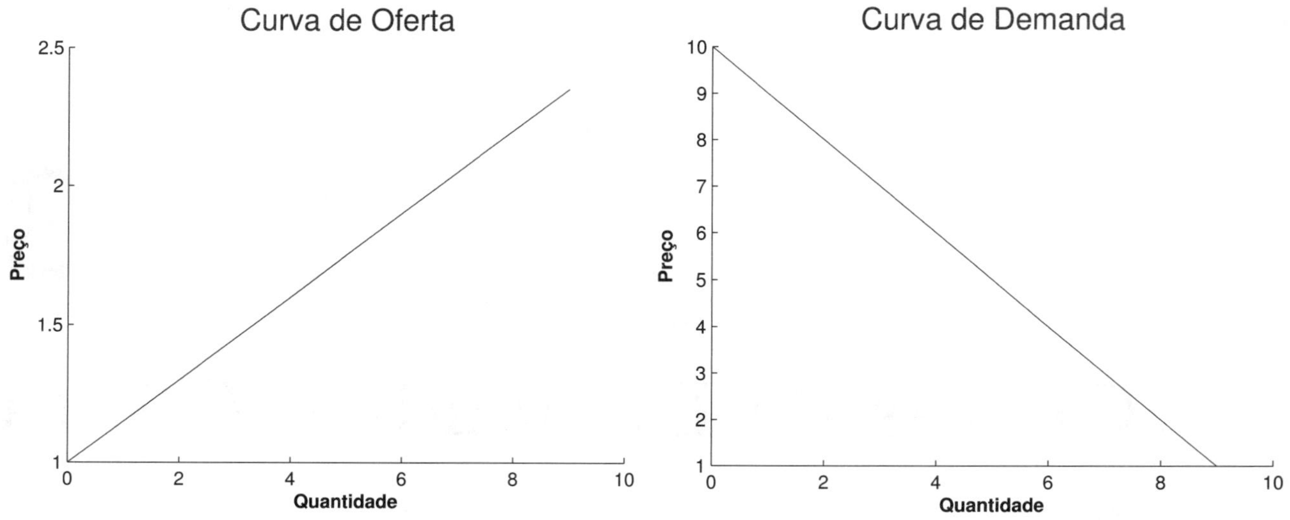

Figura 3.1: Exemplo de curvas de oferta e demanda lineares.

A quantidade ofertada aumenta à medida que o preço aumenta, enquanto que a quantidade procurada diminui, o que, de forma mais específica significa que a derivada de uma curva de demanda deverá ser negativa à medida que o preço aumenta, enquanto que a derivada da curva de oferta será positiva.

Em alguns casos, essas derivadas podem ser nulas, e a procura será constante, quase que independente do preço. São os casos de produtos muito específicos, como os de alta tecnologia, viáveis apenas por corporações específicas.

Alguns determinantes da demanda são a renda, as preferências do consumidor e o preço de bens relacionados, como os substitutos e os complementares. Já a oferta pode ser influenciada pela tecnologia, custos de produção (mão de obra, capital, matérias-primas), número de vendedores e expectativas dos produtores.

De forma simplificada, a curva de oferta descreverá o comportamento de oferta das empresas produtoras e sua relação com o preço, enquanto a curva de demanda refere-se a quantidade consumida pelo mercado e sua relação com o preço.

3.2 Construindo as curvas

Obviamente, modelos matemáticos são simplificações e não contemplam todos os diversos fatores que verdadeiramente compõem o evento investigado. Entretanto, a compreensão, mesmo que de forma simplificada, do mecanismo por trás do funcionamento do consumo é um meio de introduzir um dos principais parâmetros que influenciam nossa vida financeira: o preço das coisas.

Normalmente algumas curvas de oferta e demanda são aproximadamente lineares na região de preços que interessa, e em outros casos são não lineares. Porém, as formulações lineares podem oferecer uma representação razoável dentro de uma faixa de estudo.

Essas curvas são construídas a partir da interpolação de pontos amostrados de práticas de preço, consumo e demanda.

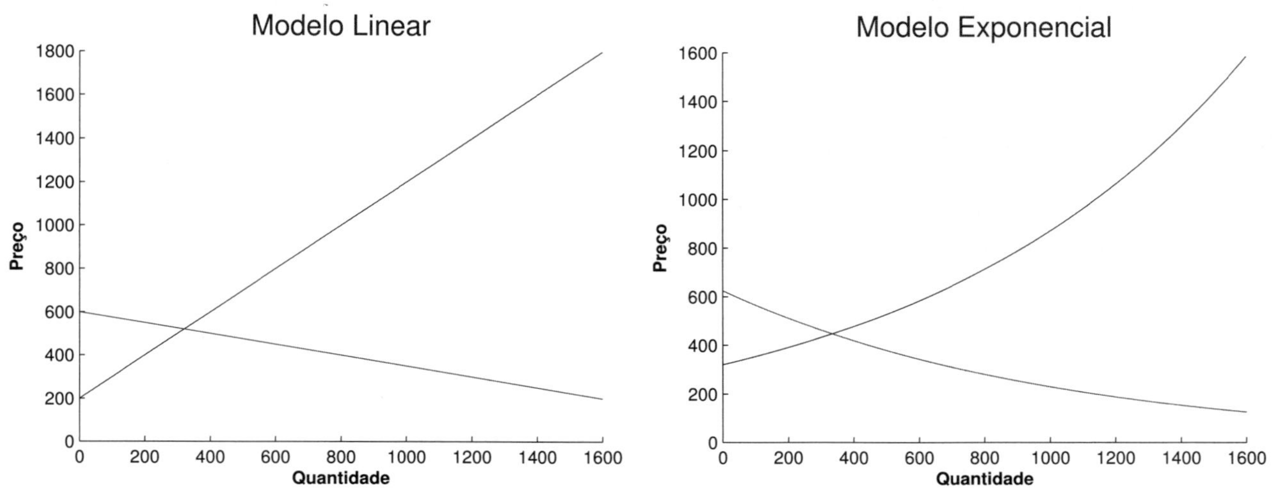

Figura 3.2: Curvas de oferta e demanda justapostos em uma perspectiva linear e exponencial.

Exemplo 1. Demanda linear

Um supermercado realizou uma pesquisa para medir as variações de vendas do televisor 40 polegadas. Descobriram que ao preço de R$ 1400,00 foram vendidos 400 televisores, enquanto que ao preço de R$ 1500,00 são vendidos 200 televisores. Sobre a hipótese de comportamento linear, qual será o valor a partir de que nenhuma TV será comprada?

Solução:

Para calcularmos a equação da demanda linear basta encontramos a equação linear que passa pelos pontos (400, 1400) e (200, 1500), onde x representa a quantidade demandada e y representa o preço. Assim sendo,

$$y = mx + b, \text{ onde } m = \frac{\Delta y}{\Delta x} = \frac{1500 - 1400}{200 - 400} = -\frac{100}{200} = -\frac{1}{2}$$

ou seja, para cada vez que o preço da TV aumenta em R$100,00, a procura diminui em cerca de 200 aparelhos. Substituindo qualquer ponto na expressão de demanda o termo independente será encontrado, assim:

$$y = -\frac{1}{2}x + 1600.$$

O valor $y = 1600$, quando $x = 0$, representa o preço a partir do qual nenhum produto será procurado. A rigor, qualquer valor acima de $y > R\$1599{,}50$, preço para a venda de um único aparelho, já implicará em nenhuma compra.

Analise o problema. Qual seria a função de oferta se o supermercado oferecesse 200 televisores, quando o preço é de R$ 400,00 e dobrasse essa quantidade caso o preço chegasse a R$ 500,00?

Equilíbrio de mercado

O ponto de equilíbrio do mercado é o preço que um determinado produto deve ter para que a quantidade demandada seja igual a quantidade ofertada. Como descrito na figura a seguir, o equilíbrio de mercado ocorre em um ponto P_0 (preço), no qual a quantidade procurada Q_d e ofertada Q_o são iguais.

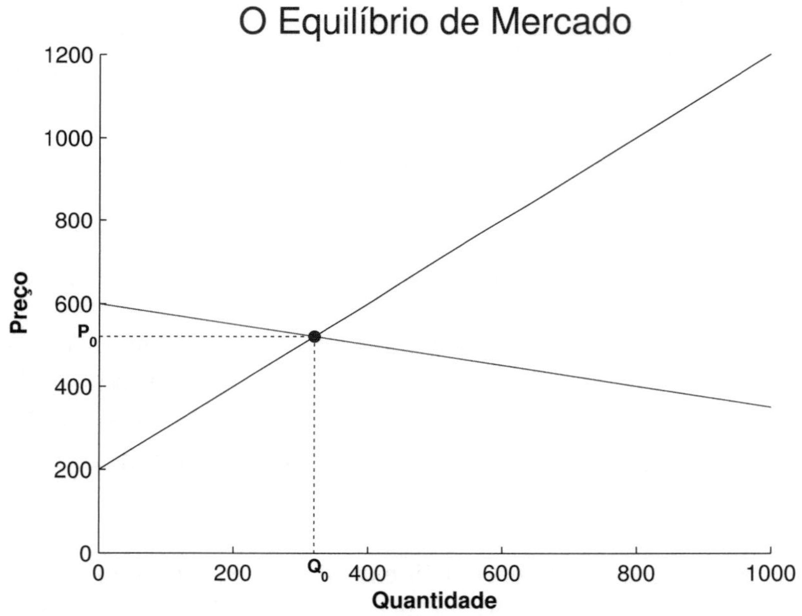

Figura 3.3: O ponto (P_0,Q_0)é obtido a partir da interseção da curva de oferta com a curva de demanda.

As principais características do preço de equilíbrio (P_0) são:

i) $Q_d = Q_o$,

ii) não há escassez de oferta,

iii) não há excesso de oferta.

Exemplo 2. Calculando o ponto de equilíbrio

Seja a curva de oferta de um produto definida pela expressão $y = 0{,}5x + 300$ e a demanda pela expressão $y = -0{,}5x + 600$, qual será o ponto de equilíbrio?

Solução:

Algebricamente o ponto de equilíbrio P_0 pode ser encontrado resolvendo o sistema formado pelas duas equações:

$$\begin{cases} y = -0{,}5x + 600 \\ y = 0{,}5x + 300 \end{cases}$$

Resolvendo este sistema, temos a solução $P_E = (300{,}450)$, ou seja, para o preço de R$ 450,00 a quantidade demandada e ofertada são iguais a 300, portanto, não há excesso e nem falta de procura e oferta.

3.3 Análise de Receita Variável

Para qualquer função de demanda $y = mx + b$, onde $m < 0$, podemos associar a função **receita total**:

$$\begin{aligned} R(x) &= x \cdot y \\ &= x \cdot (mx + b) \\ &= mx^2 + bx. \end{aligned}$$

A **receita marginal**, que mede o ganho na receita pela produção adicional de uma unidade do produto, é definida pela derivada da função **receita total**, daí $R'(x) = 2mx + b$. Como o coeficiente angular da função linear de demanda é negativo, tem-se que o ponto $x = -\frac{b}{2m}$, obtido por $R'(x) = 0$ é um ponto de máximo, de forma que

$$R_{max} = -\frac{b^2}{4m}$$

.

Exemplo 3. Receita máxima

Levando em conta as curvas de oferta e demanda do exemplo anterior, o que se pode dizer sobre a receita deste produto?

Solução:

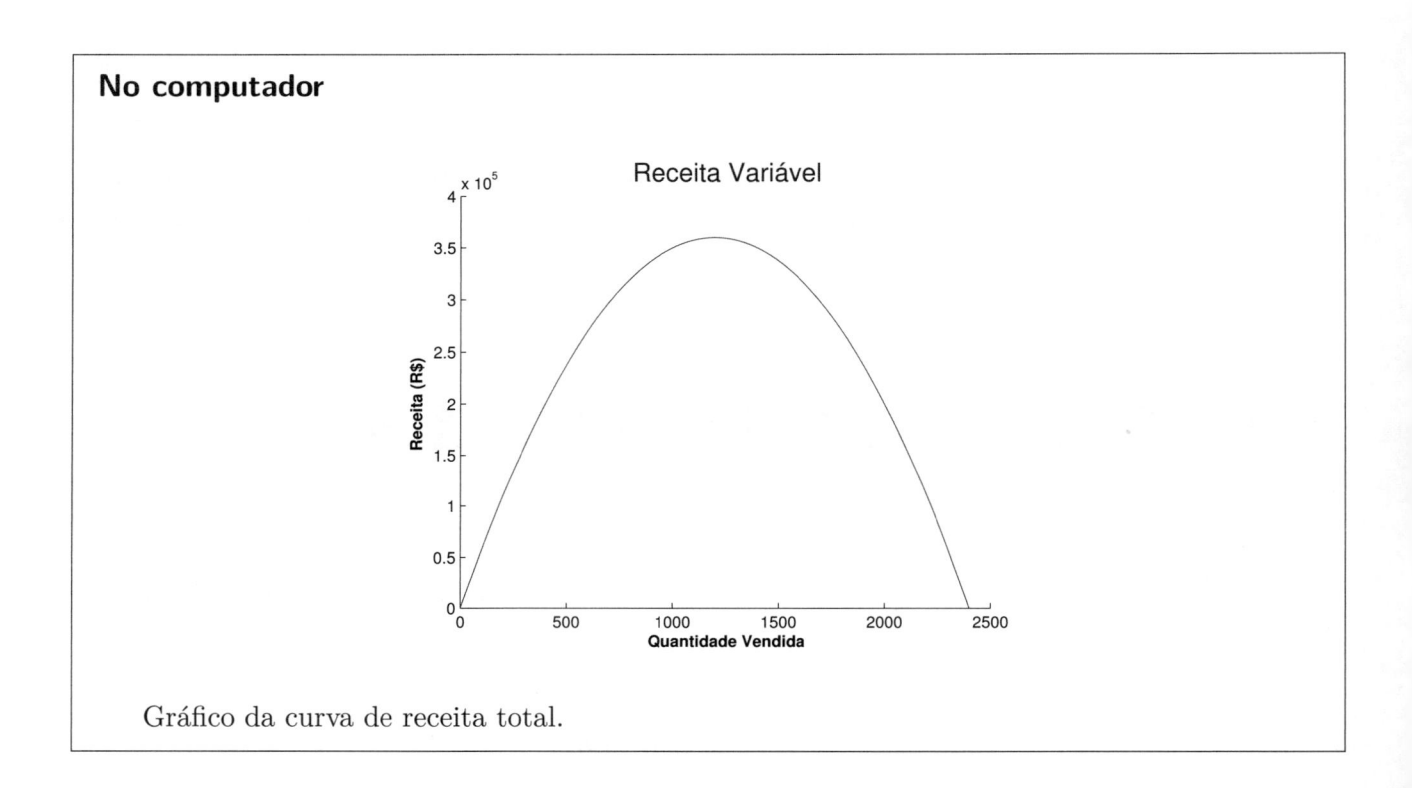

No computador

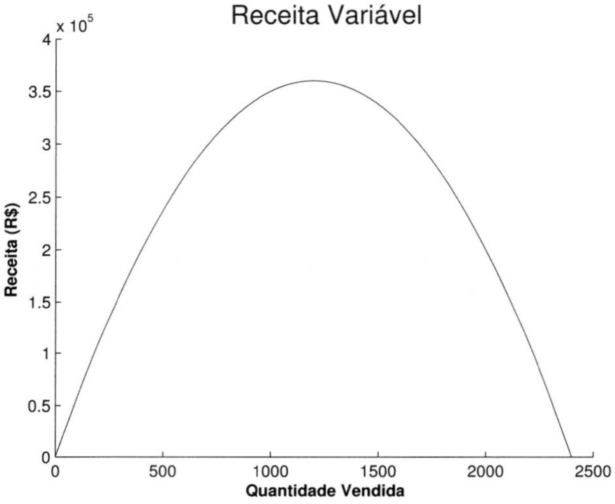

Gráfico da curva de receita total.

Sendo a demanda linear definida por $y = -0{,}5x + 600$, temos que $R(x) = -\frac{1}{2}x^2 + 600x$. Daí seu ponto máximo é definido por $R_{max} = -\frac{600^2}{4\cdot(-0{,}5)} = 180.000$ relacionado a quantidade $x = -\frac{600}{2\cdot(-0{,}5)} = 600$, que nesse caso é associada ao preço de R$300,00.

Analise o problema. Observe que para esse preço, pela equação de oferta $y = 0{,}5x + 300$, y é identicamente nulo. Você saberia dizer o que isso significa? O que significaria construir a função de receita baseada na equação de oferta? Você seria capaz de estimar a máxima receita que o produtor de fato poderia alcançar?

Equilíbrio, Custo e Receita

Seja C_t o custo total que pode ser dividido em duas categorias: Fixos e Variáveis. Os custos fixos (C_f) permanecem constantes em todos os níveis de produção e normalmente incluem fatores como aluguel, equipamentos e juros. Os custos variáveis (C_v) são aqueles que dependem da produção como mão de obra, insumos, campanhas promocionais. Devemos perceber que em qualquer nível de produção

$$C_t = C_f + C_v.$$

Na figura a seguir (3.5) C_f é constante, independe da produção e igual a C_t em $x = 0$. A reta R_t é a receita total que depende da quantidade vendida. A interseção de C_t com R_t é o ponto de equilíbrio. O ponto de equilíbrio da receita e o ponto de equilíbrio do mercado são entes distintos. Esse ponto representa a quantidade na qual o produtor começa a ter lucros ou que consegue pagar os custos de produção.

A análise dos gráficos de ponto de equilíbrio são usualmente utilizados para verificarmos quais são as implicações de uma variação de preço na variação de produção.

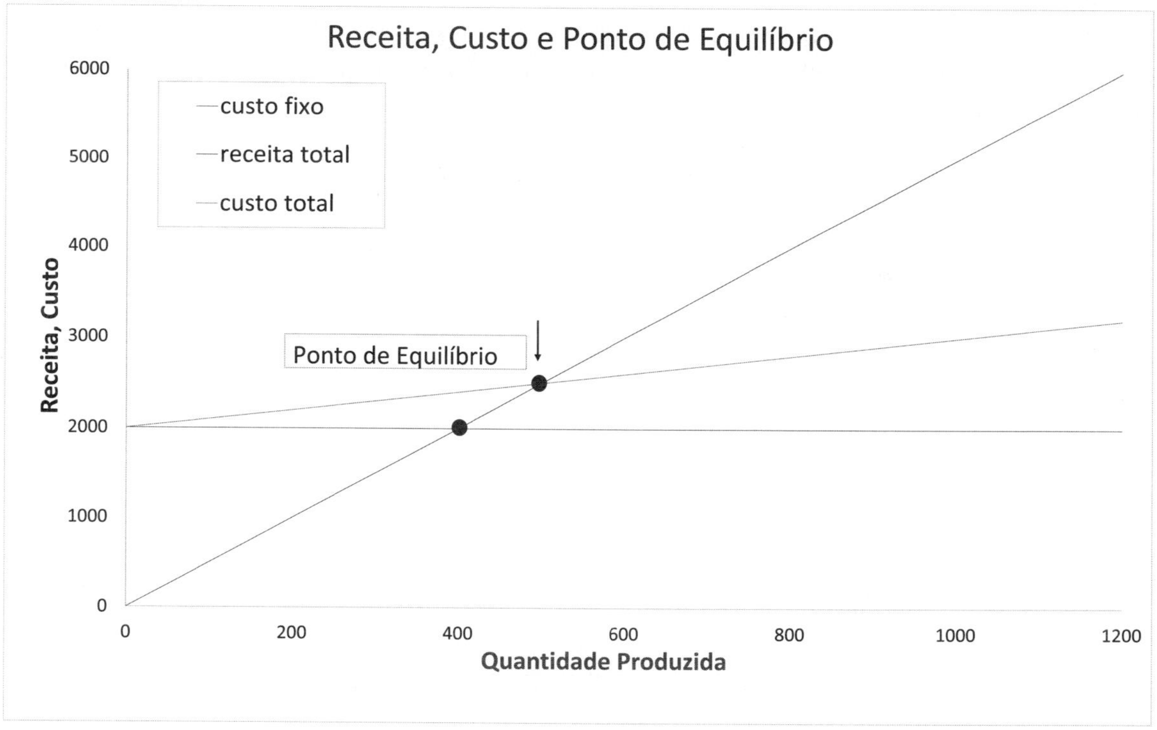

Figura 3.4: Gráfico de receita, custo e ponto de equilíbrio.

Exemplo 4. Análise de receita total

Suponha que um fabricante de televisor mantenha constante o preço de venda em R$ 500,00 por unidade e tenha o custo fixo de fabricação em R$ 300.000,00. Estimando o custo variável de 40% da receita total, responda:

(a) Qual é a receita total e custo total na venda de 5.000 televisores?

(b) Qual é a equação da receita total?

(c) Qual é o ponto de equilíbrio?

Solução:

Seja x a quantidade vendida, então

$$\begin{aligned} R_t &= 500x, \\ C_f &= 300.000, \\ C_t &= 40\% \cdot 500x + 300.000 = 200x + 300.000. \end{aligned}$$

O equilíbrio acontece quando $R_t = C_t$, como indicado na figura 3.4. Para $R_t = C_t$ temos $500x = 200x + 300.000$, dessa maneira $x = 1.000$ e $R_t = C_t = 500.000$. A quantidade necessária de vendas para se cobrir o custo fixo é $R_t = C_f$, portanto, deve-se vender 1.000 aparelhos para o custo fixo ser coberto.

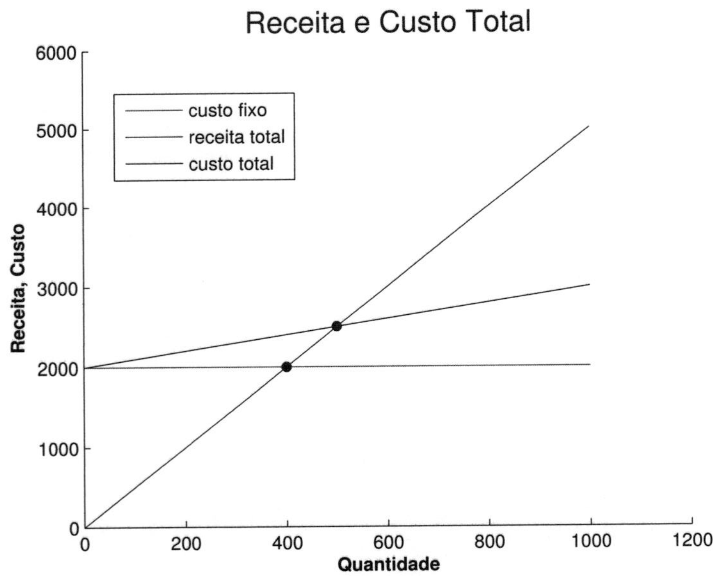

Figura 3.5: Os pontos destacados indicam o momento em que a receita supera o custo fixo e o custo total.

3.4 Atividades resolvidas

■ Oferta e Demanda

Um supermercado fez uma análise de vendas para um televisor 30" e concluiu que os clientes comprarão 25% a mais de televisores se houver um desconto de R$ 100,00 no preço unitário de cada televisor. Quando o preço é de R$ 1.000,00 são vendidos cerca de 4.000 televisores. Então:

A) Ache a equação da demanda linear ($y = mx + b$).

B) Ache a equação da Receita Total.

C) Ache a equação da demanda exponencial ($y = ae^{bx}$)

D) A partir de que valor o televisor não será mais vendido.

E) Para que preço o valor da receita será máxima.

Resoluções

Solução de A)

Para calcularmos a equação de demanda linear é suficiente obter a equação da reta que passa por $(4000{,}1000)$ e $(5000{,}900)$. Lembrando que,

x : representa a quantidade demandada,

y : representa o preço unitário,

assim sendo, $y = mx + b$, onde:

$$m = \frac{\Delta y}{\Delta x} = \frac{1.000 - 900}{4.000 - 5.000} = \frac{100}{-1000} = -\frac{1}{10}.$$

Ou seja, temos que a cada $R\$10{,}00$ acrescentado ao preço, temos a demanda reduzida de 10 clientes, usando $m = -1/10$ e $(4000{,}1000)$ temos:

$$1.000 = (-1/10) \cdot 4.000 + b \Rightarrow -400 + b = 1.000 \Rightarrow b = 1.400.$$

i.e, $y = (-1/10)x + 1.400$, onde 1.400 é o preço a partir do qual nenhum televisor é vendido.

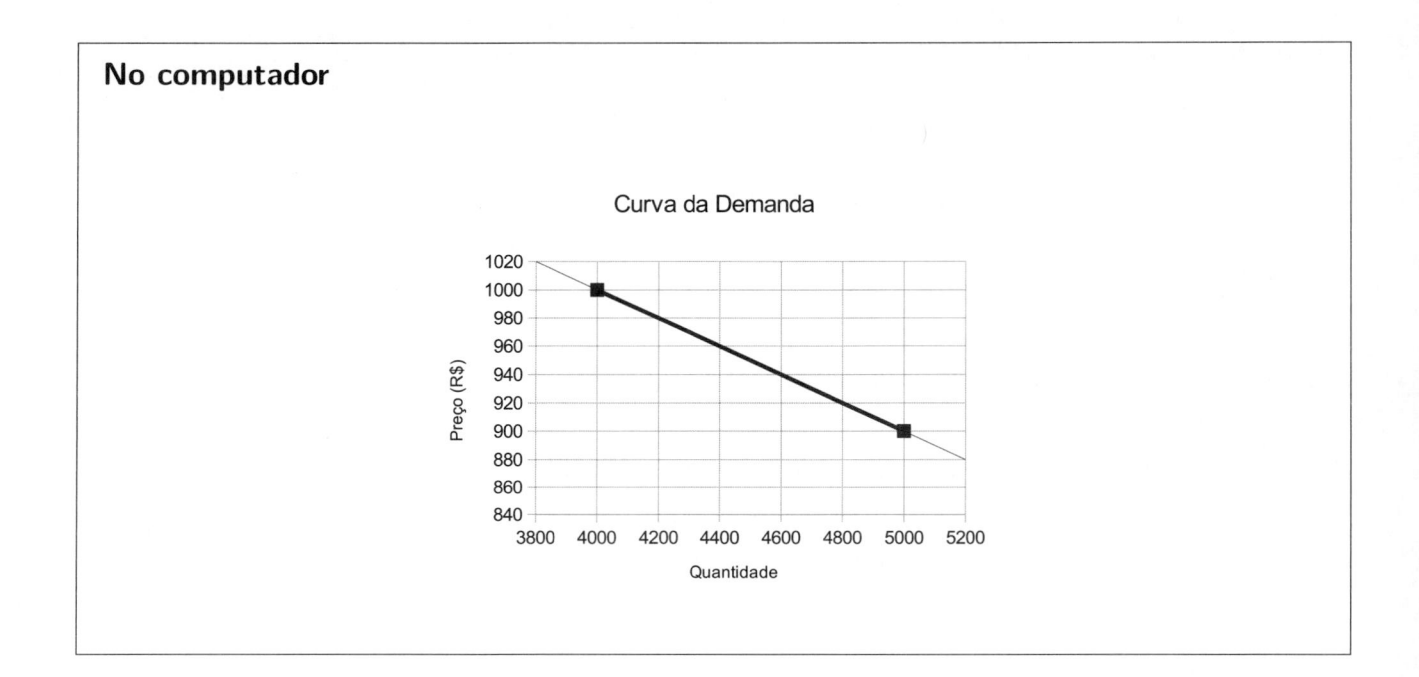

No computador

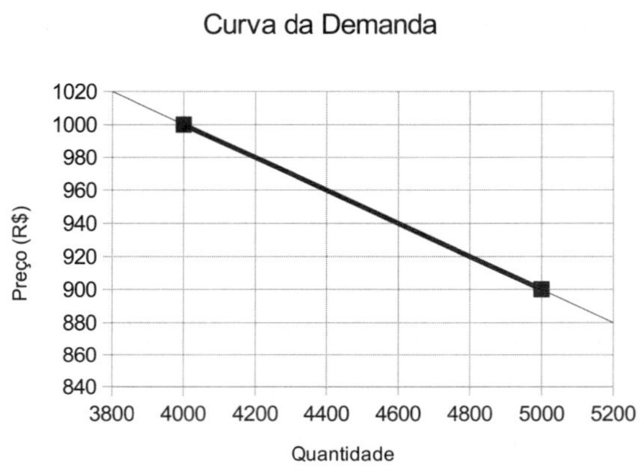

Solução de B)

Temos que a receita é

$$R(x) = y \cdot x \Rightarrow R(x) = (\frac{-1}{10}x + 1.400)x = -\frac{1}{10}x^2 + 1.400x$$

No computador

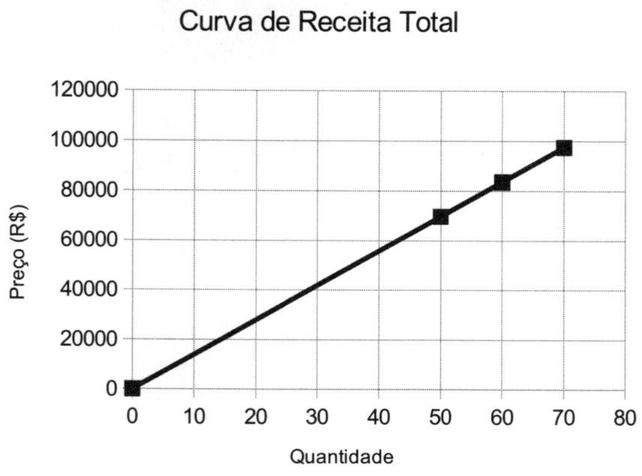

Solução de C)

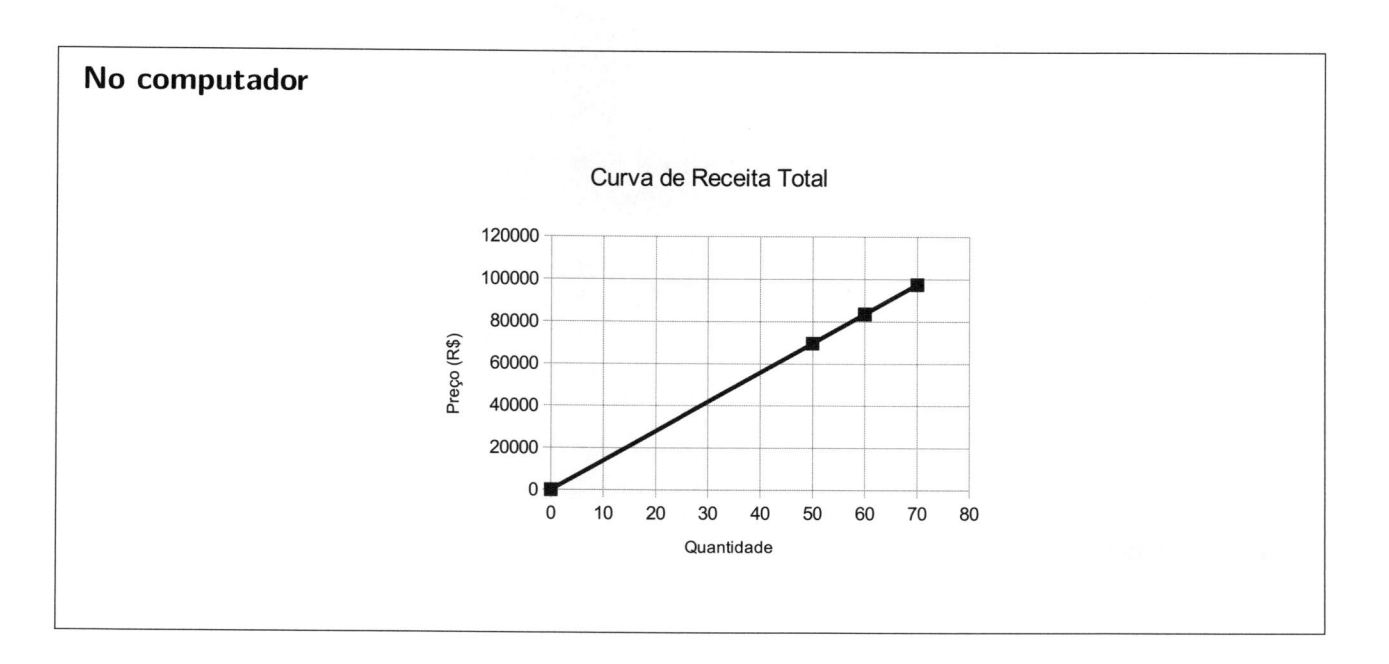

Usando os pontos $(4000{,}1000)$ e $(5000{,}900)$na equação $y = a.e^{b.x}$, temos o seguinte sistema não linear:

$$
\begin{aligned}
1000 &= ae^{b4000} \quad (I)\\
900 &= ae^{b5000} \quad (II)
\end{aligned}
$$

como $a \neq 0$, caso contrário teríamos por (I), $1000 = 0$ e por (II) $900 = 0$ o que claramente é um absurdo. Dividindo (I) por (II) que

$$
\begin{aligned}
\frac{1000}{900} &= \frac{ae^{4000b}}{ae^{5000b}} \Rightarrow\\
\frac{10}{9} &= e^{-1000b} \Rightarrow ln\left(\frac{10}{9}\right) = -1000b\\
\Rightarrow b &= -\frac{1}{1000}ln\left(\frac{10}{9}\right) \approx 0{,}105
\end{aligned}
$$

Daí

$$1000 = a * e^{-0.105*\frac{4000}{1000}}$$
$$1000 = a * e^{-0.105*4}$$
$$\frac{1000}{e^{-0.105*4}} = a$$
$$a \approx 1522$$

Então:

$$y = 1522 * e^{\frac{0.105}{-1000}*x}$$

No computador

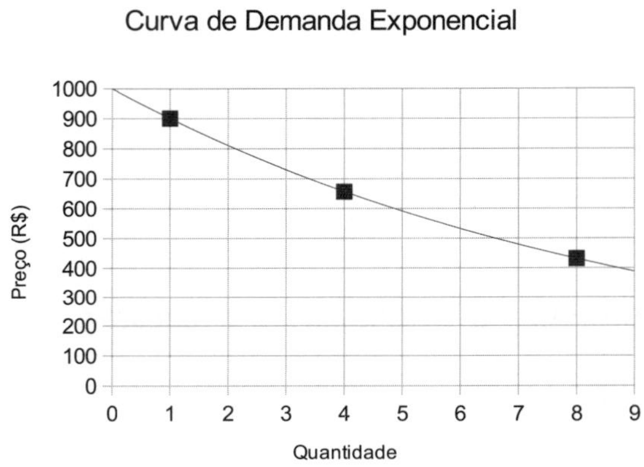

Solução de D)

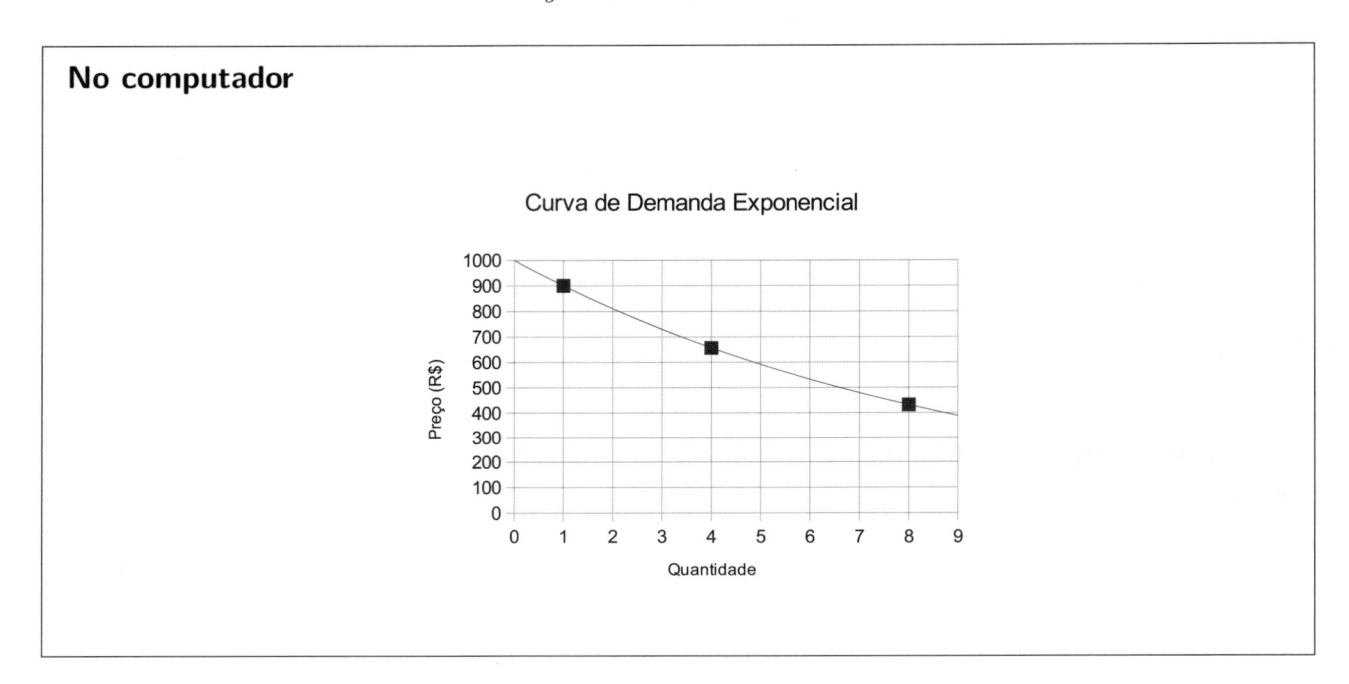

O preço, a partir do qual o televisor não será mais vendido no modelo linear descrito na questão (i) é 1400 e no modelo exponencial como descrito na questão(iii) é 1522.

Solução de E)

Receita(R) = Preço(y) × Quantidade(x) = $y \cdot x$. Usando as expressões de demandas em função do preço:

Para o caso linear $R(y) = y\frac{y-b}{m} = \frac{y^2-by}{m}$, onde $R' = (2y - b)/m$, portanto, o valor máximo da receita é para $y = b/2$ o preço.

Para modelos exponenciais de demandas, temos : $y = ae^{bx} \Rightarrow$
$\Rightarrow x = (1/b)\,(ln(y) - ln(a))$, daí:

$$R(y) = \frac{y}{b}\left(ln\left(\frac{y}{a}\right)\right), \text{onde}$$
$$R'(y) = \frac{y}{b}\,(ln(y) - ln(a)) =$$
$$= \frac{ln(y) - ln(a)}{b} + \frac{1}{a}$$

Quando $R'(y) = 0$ temos

$$ln(y) = ln(a) - \frac{b}{a} \Rightarrow y = ae^{-\frac{b}{a}}$$

■ Ponto de Equilíbrio

Se o mesmo supermercado da questão anterior resolver fazer uma promoção do televisor, oferecendo 4.000 aparelhos ao preço de R\$1000,00 e 2.000 aparelhos ao preço de R\$ 600,00. Então:

A) Ache a equação da OFERTA LINEAR;

B) Ache a equação da OFERTA EXPONENCIAL.

C) A partir de que valor o televisor começará a ser oferecido nos itens (A) e (B);

D) Ache o ponto de equilíbrio de mercado para a oferta/demanda desse televisor.

Resoluções

Solução de A)

Dados os pontos $(4.000, 1.000)$ e $(2.000, 600)$ temos

$$y = mx + b$$

com $m = (1.000 - 600)/(4.000 - 2.0000) = 400/2.000 = 1/5$. Em seguida, usando $(4.000, 1.000)$ temos $b = y - mx = 1.000 - (1/5)4.000 = 200$, portanto, a equação de oferta linear é expressa por:

$$y = \frac{x}{5} + 200$$

No computador

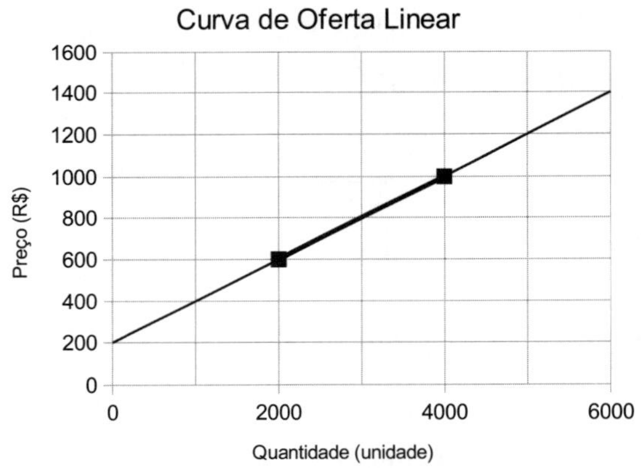

Solução de B)

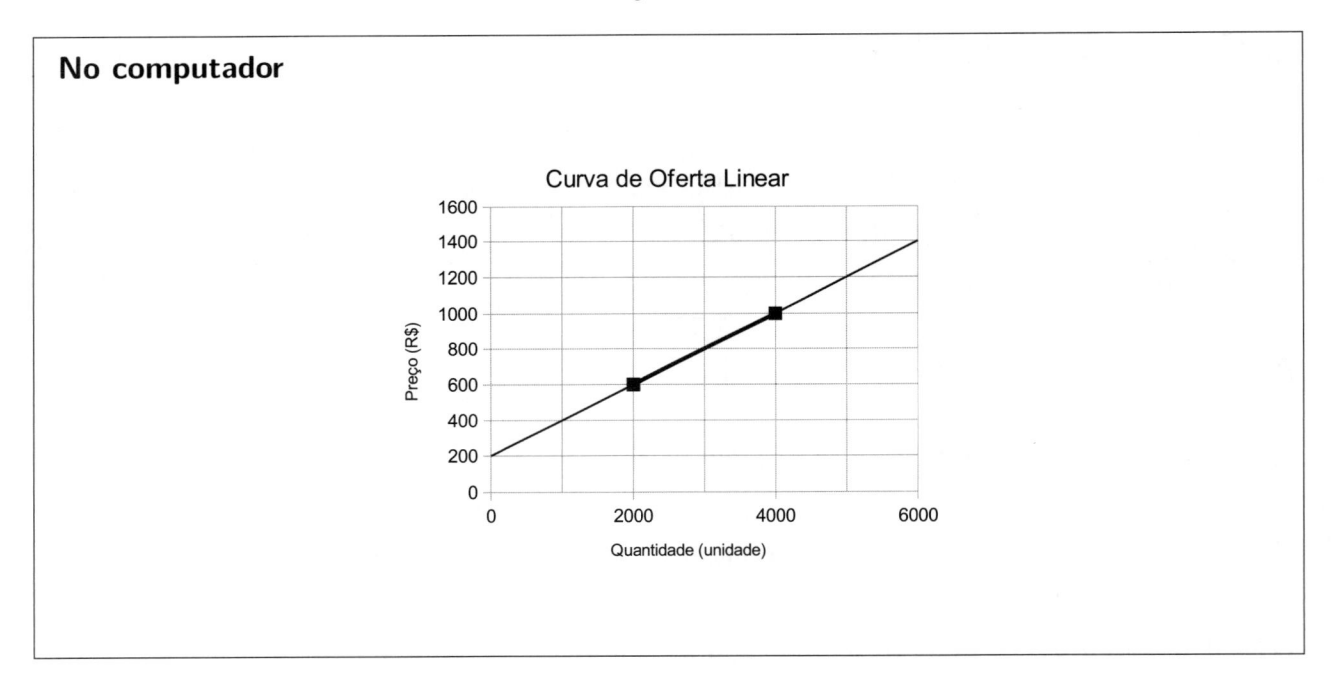

No modelo exponencial temos $y = ae^{bx}$, que equivale a expressão $lny = bx + lna$. Dado que a segunda forma é uma relação linear entre x e lny, temos

$$\frac{ln(1.000) - ln(600)}{4.000 - 2.000} = \frac{5/3}{2.000} \approx 2{,}6 \times 10^{-4}$$

portanto, $a = y/e^{bx} = 1.000/e^{b} = 360$ e a expressão fica na forma.

$$y = 360e^{(2{,}6/10.000)x}$$

No computador

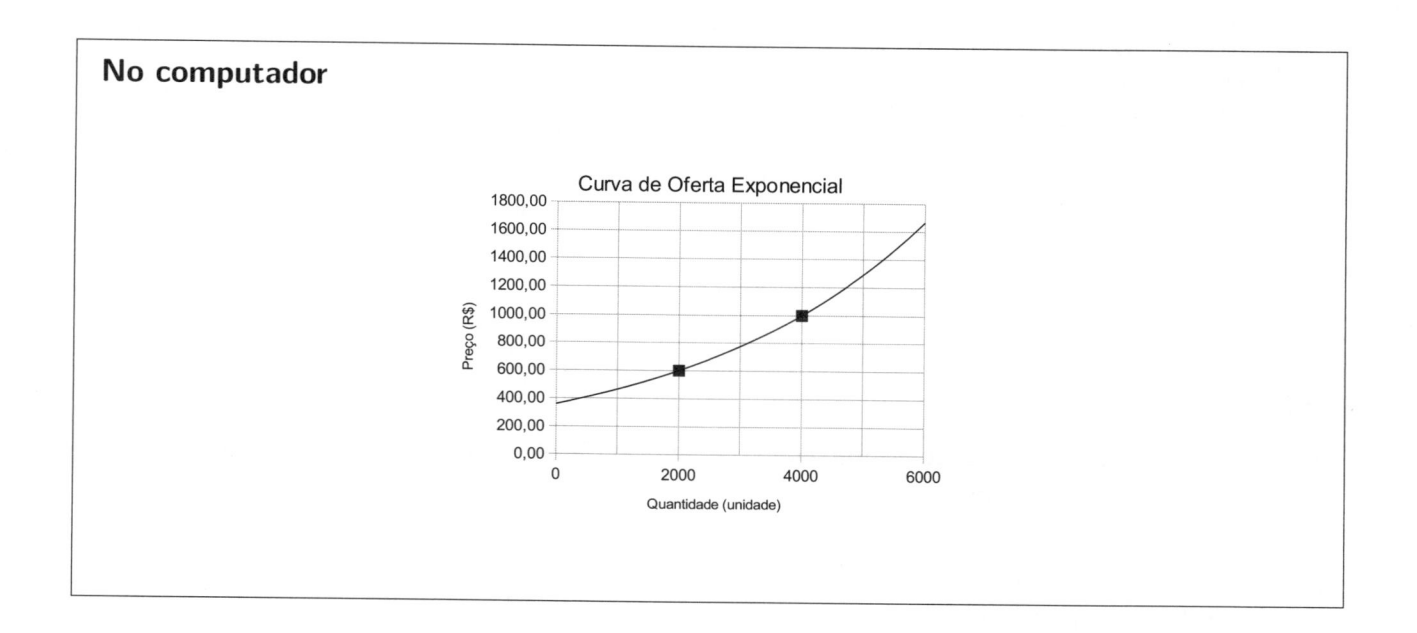

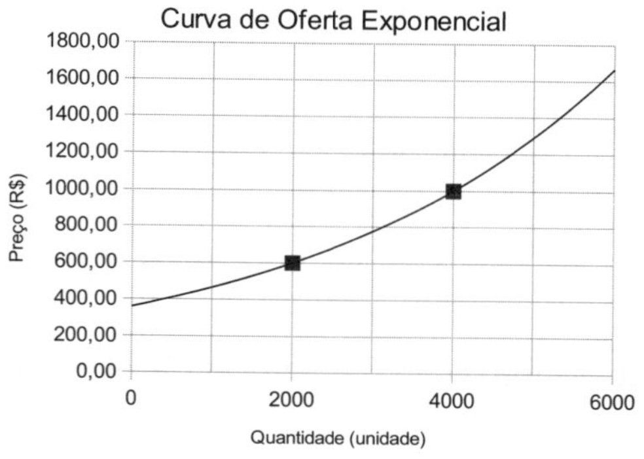

Solução de C)

Os televisores passam a ser oferecidos a partir do momento que $x > 0$. Como a função **demanda** é estritamente crescente, o menor valor de preço praticado é para oferta de $x = 1$. O que significa que

(a) no modelo linear, os televisores passam a ser oferecidos a partir de x>0, ou seja, para x=0, y=200. Então, serão oferecidos a partir de R$200,00.

(b) no modelo exponencial para x=0, y=360. Então serão oferecidas a partir de R$360,00.

x	receita	custo fixo	custo total
0	0	300000	300000
300	300000	300000	420000
600	600000	300000	540000
900	900000	300000	660000
1200	1200000	300000	780000
1500	1500000	300000	900000
1800	1800000	300000	1020000
2100	2100000	300000	1140000

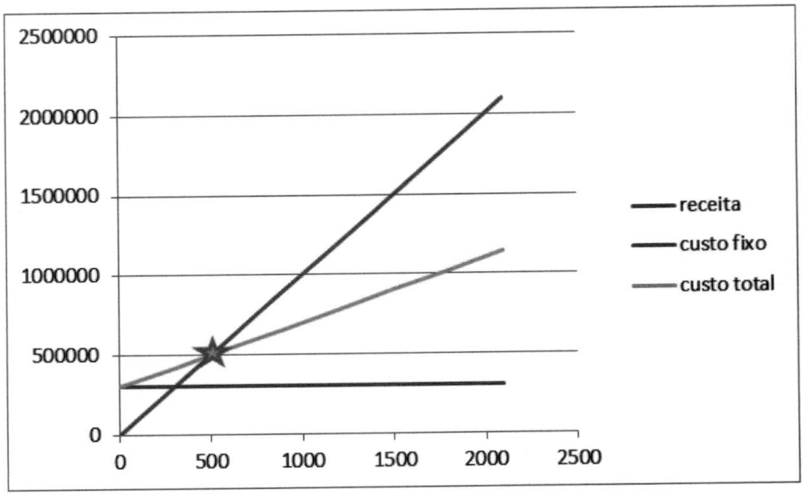

Solução de D)

O ponto de equilíbrio é dado pela interseção das curvas de oferta e demanda. Usando as equações obtidas até o momento temos,

(a) Para o modelo linear:
demanda: $y = \frac{-1}{10} * x + 1400$
oferta: $y = \frac{x}{5} + 200$
Então devemos resolver acima, para isto igualamos as duas equações:

$$\frac{-1}{10}x + 1400 = \frac{x}{5} + 200$$
$$\frac{3}{10}x = 1200$$
$$x = 1400$$

Se x=4000, então y=1000.

(b) Para o modelo exponencial:
demanda: $y = 1522.e^{\frac{-0,105}{1000}x}$
oferta: $y = 360.e^{\frac{2,6}{10000}x}$
Então x=3949 e y=1005,31

■ Custo e Receita

Suponha que o fabricante desse televisor mantenha constante o preço do televisor, vendendo esse modelo a R$ 1000,00 por unidade. Então:

A) Qual é a receita total na venda de 5000 televisores? Qual é a equação da receita total?

B) O custo total é a soma dos custos variáveis e fixos. Sendo os custos variáveis estimados em 40% da receita total e que os custos fixos são 300.000, qual é o custo total quando são vendidos 5000 televisores?

C) Qual é o ponto de equilíbrio? Indique este ponto no gráfico e resolva para a quantidade correspondente vendida. Localize no gráfico a quantidade com a qual o fabricante cobrirá seus custos fixos.

Solução de A)

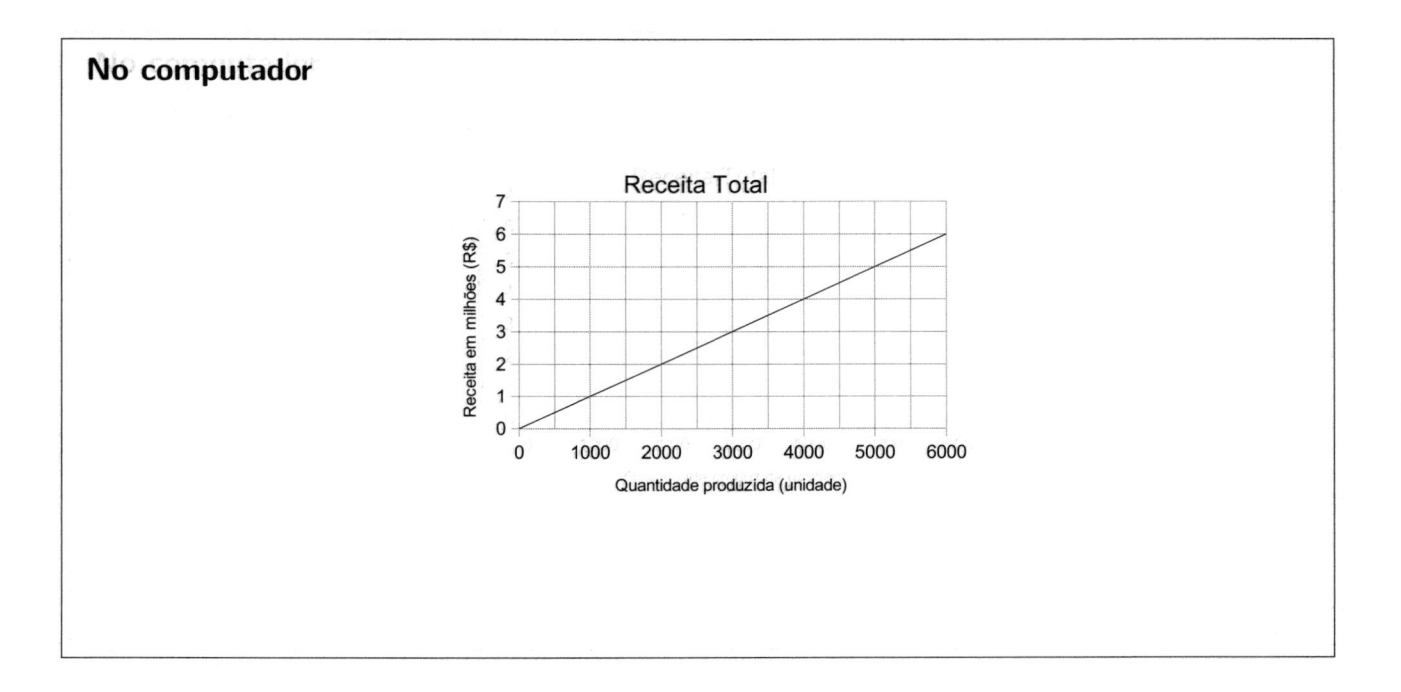

No computador

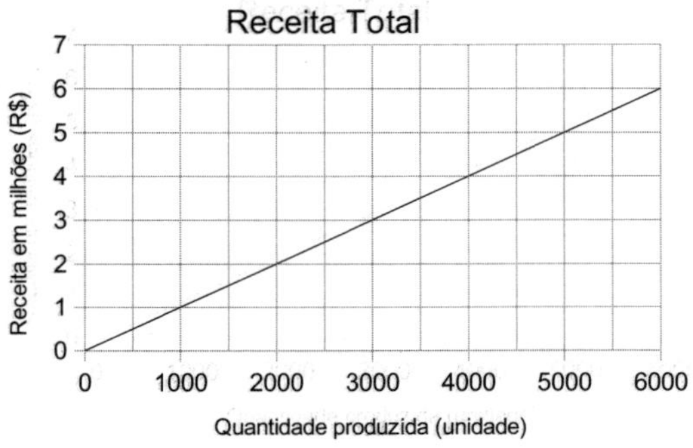

A receita total é dada por:

R_T = quantidade x preço = $1.000 * 5.000 = 5.000.000$.

Solução de B)

$$\begin{aligned} custo\,total &= (40\% \times Receita\,total) + custo\,fixo = \\ &= (0{,}4 \times 1.000 \times 5.000) + 300.000 = \\ &= 2.300.000 \end{aligned}$$

Solução de C)

O ponto de equilíbrio, define a quantidade a partir da qual, a empresa cobre sem custo total. Esse ponto é dado pela interseção entre R_T e C_t,

$$\begin{cases} R_T(x) = 1.000.x, \\ C_T(x) = 400x + 300.000. \end{cases}$$

Resolvendo o sistema acima , temos que $P_E = (500, 500.000)$.
Para cobrir os custos fixos $R_T = 300.000$, portanto, a quantidade vendida deve ser $x = 300$

4

Reajuste de Salários e Inflação

Assim como os produtos, também os salários são reajustados utilizando a mesma metodologia de capitalização de juros compostos. Apresentamos neste capítulo o conceito de valor atual, referente ao montante reajustado e atualizado de valores no tempo.

4.1 Cálculo do Valor Atual

■ Reajuste em um Único Período

Sejam S o Salário ou o preço inicial, e r a taxa de reajuste no período, então:

$$S_r = S(1 + r),$$

onde S_r é o valor do salário ou preço reajustado. Para um único período o paradigma de juros simples e compostos são equivalentes.

Exemplo 1. A partir de 01/01/2015 o salário mínimo teve um reajuste de 8,84%. Assim, $S = 724{,}00$ (O salário mínimo anterior), $r = 0{,}0884$ (taxa de reajuste), então $S_r = 724{,}00.(1 + 0{,}0884)$, $S_r = 788{,}00$.

Reajuste em Múltiplos Períodos

Suponhamos que um produto, ou um salário, tenha múltiplos reajustes e que esses reajustes sejam diferentes. Sejam as taxas de reajuste respectivamente dadas por $r_1, r_2, \ldots, r_n$, então:

$$S_r = S(1+r_1)(1+r_2)\cdots(1+r_n) \tag{4.1}$$

Caso $r_1 = r_2 = \cdots = r_n = r$, teríamos a expressão acima simplificada pela forma

$$S_r = S(1+r)^n. \tag{4.2}$$

Taxa de Reajuste Acumulado

Seja r_{acum} a taxa de reajuste acumulada durante todos os n períodos de reajuste, então:

$$S_r = S(1+r_{acum}). \tag{4.3}$$

Comparando-se essa fórmula com a expressão 4.1 temos:

$$r_{acum} = (1+r_1)(1+r_2)\cdots(1+r_n) - 1. \tag{4.4}$$

E caso as taxas fossem iguais para os n períodos, teríamos:

$$r_{acum} = (1+r)^n - 1. \tag{4.5}$$

Exemplo 2. A gasolina teve o seu preço reajustado em 8% em janeiro, 10% em fevereiro e 5% em março. Então, qual foi o reajuste acumulado nesses três meses?

Nesse caso, $r_1 = 0{,}08, r_2 = 0{,}1$ e $r_3 = 0{,}05$, portanto

$$\begin{aligned} r_{acum} &= (1+0{,}08)(1+0{,}1)(1+0{,}05) - 1 \\ &= 0{,}2474 \end{aligned}$$

ou se preferir o formato percentual: 24,74%.

4.2 Inflação

A inflação é a taxa de aumento médio ponderado, de um determinado período, para o conjunto de itens e serviços. Esses itens são definidos pelos produtos que compõem a cesta básica e serviços considerados essenciais, como aluguel, transporte e vestuário.

Se a inflação de um período for de 20% isto significa que os preços foram reajustados em média de 20% no período. Afirma-se que o CUSTO DE VIDA aumentou em 20%.

■ Diferenças entre os Índices

De acordo com o Banco Central do Brasil, não há um índice oficial para inflação de períodos passados, ela é medida por meio de diversos índices, divulgados por várias instituições, tais como o Instituto Brasileiro de Geografia e Estatística (IBGE), a Fundação Getúlio Vargas (FGV) e a Fundação Instituto de Pesquisas Econômicas (FIPE).

Entre os diversos índices, temos os índices de preços no atacado (*ex.:* IPA), índices de preços de varejo (*ex.:* IPC, IPCA) e índices gerais de preços (*ex.:* IGP-m). O que difere esses índices entre si são características como:

(i) O período no qual os preços são pesquisados e a região.

(ii) Os itens que constam da amostra.

(iii) O peso de cada item é definido por meio de uma Pesquisa de Orçamento Familiar (POF) e que varia dependendo da época da pesquisa e das classes de renda consideradas.

(iv) Faixa Salarial das pessoas pesquisadas.

O IPCA (Índice Nacional de Preços ao Consumidor Amplo) é frequentemente tratado como índice oficial da inflação brasileira. Ele é medido pelo IBGE entre os dias 1º e 30 de cada mês e considera gastos como alimentação e bebidas; artigos de residência; comunicação; despesas pessoais; educação; habitação; saúde e cuidados pessoais.

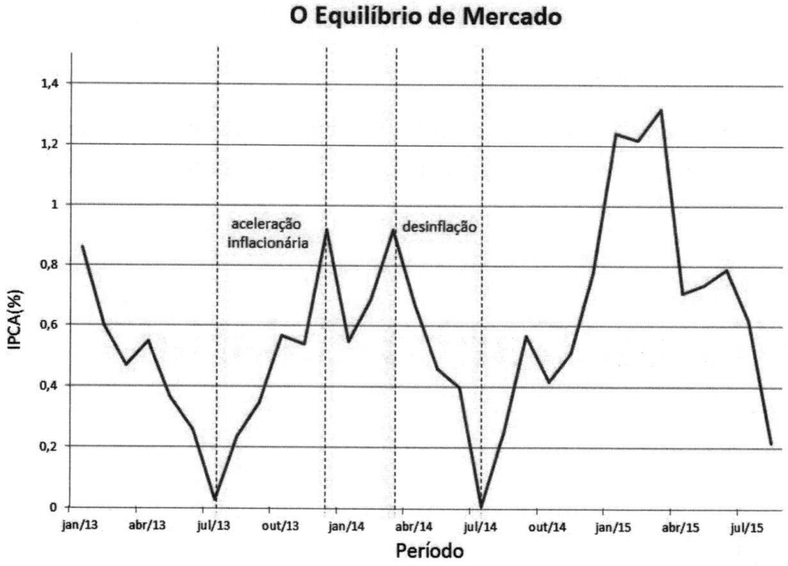

Figura 4.1: Variação do IPCA de janeiro de 2013 a julho de 2015.

O IPCA é um indicador da variação do custo de vida de famílias com renda mensal de 1 a 40 salários mínimos e podemos expressar a inflação acumulada i_{acum} de um período como a composição dos valores mensais de IPCA neste período,

$$i_{acum} = (1 + i_1)(1 + i_2)\cdots(1 + i_n) - 1,$$

onde $i_1, i_2 \ldots i_n$ são as taxas de IPCA mensal relativas a cada período.

Pode-se, além do IPCA, usar qualquer um dos vários indicadores de preços, como INPC-IBGE, IPC-FIPE, IGP-M da FGV, ICV do DIEESE e outros para indicar a variação de custo de consumo de um determinado período.

Exemplo 3. Vamos calcular a inflação acumulada no período de setembro de 2014 a abril de 2015, segundo a Tabela 4.1, sabendo que as taxas foram as seguintes:

Ano	2014				2015			
Data	set/14	out/14	nov/14	dez/14	jan/15	fev/15	mar/15	abr/15
Taxa (%)	0,49	0,43	0,65	0,75	1,73	0,97	1,41	0,61

Tabela 4.1: **IPC - FIPE**

Então

$$\begin{aligned} i_{acum} &= (1 + i_1)(1 + i_2)(1 + i_3)(1 + i_4)\cdots(1 + i_{11}) - 1 \\ &= (1 + 0{,}0049) \cdot (1 + 0{,}0043)\cdots(1 + (0{,}0061)) - 1 \\ &= 0{,}072527596 = 7{,}25\%, \end{aligned}$$

ou seja, segundo a FIPE, o custo de vida aumentou em 7,25% durante esse período. E o salário, também nesse período, será que acompanhou o ajuste dos preços?

4.3 Perda ou Ganho Salarial

A perda ou o ganho salarial é definida pela variação percentual do seu salário em cima do que ele deveria ser para preservar o seu poder aquisitivo, i.e.,

$$\frac{\Delta S}{S_i} = \frac{S_r - S_i}{S_i},$$

onde S_r é o salário reajustado e S_i é o salário reajustado pelo índice da inflação. Sempre temos três possíveis situações:

(i) Caso os salários sejam reajustados com base no índice de inflação do período, tem-se que $\Delta = 0$, portanto, PERDA = GANHO = ZERO.

(ii) Se o índice de inflação é maior que o índice de reajuste, $\Delta < 0$, então existe PERDA.

(iii) Se o índice de inflação é menor que o índice de reajuste, $\Delta > 0$, então existe GANHO.

Exemplo 4. Vamos calcular a perda salarial de um indivíduo que ganha R$ 1.000,00 e que teve o seu salário reajustado em 20%, enquanto que a inflação no mesmo período foi de 25%.

Como $i = 0{,}25 > r = 0{,}2$, então existe PERDA.

$$S_r = S(1+r) = 1.200 \quad \text{(Salário reajustado)}$$
$$S_i = S(1+i) = 1.250 \quad \text{(Salário reajustado com base na inflação)}$$

Então,

$$S_r = S_i - \text{PERDA} \cdot S_i,$$
$$S_r = S_i(1 - \text{PERDA}),$$
$$\text{PERDA} = 1 - \frac{S_r}{S_i}, = 1 - \frac{1+r}{1+i}$$
$$\text{PERDA} = 1 - \frac{1200}{1250} = 0{,}04.$$

Neste exemplo, a perda foi de 4% do poder de compra. A diferença entre S_i e S_r que é de R$ 50,00 equivale a 4% de R$ 1.250,00. Afirmamos que R$ 1.200,00 equivale a 96% do salário ganho anteriormente que era de R$ 1.000,00, ou seja, R$ 1.200,00 equivale a R$ 960,00 em R$ 1.000,00. Assim temos a proporção

$$\frac{960}{1000} = \frac{1200}{1250} = 0{,}96.$$

O valor de R$ 960,00 é denominado SALÁRIO REAL, i.e, um salário de R$ 1000,00 que sofre um reajuste de 20% com uma inflação de 25%, vale depois de um mês R$ 960,00, assim:

$$\frac{S_{REAL}}{S} = \frac{S_r}{S_i} \Rightarrow$$
$$S_{REAL} = \frac{(1+r)}{(1+i)} S.$$

Observe que se $r = 0$, quando o salário não é reajustado, então:

$$S_{REAL} = \frac{S}{(1+i)}$$

Exemplo 5. Veja na tabela a seguir as perdas do poder aquisitivo do assalariado durante os períodos entre maio e agosto de 1992.

Data	Salário	Salário Real	Inflação (%) (DIEESE)	Perda (%)
01/05/1992	230.000,00	230.000,00	-	-
01/06/1992	230.000,00	187.895,00	22,35	18,26
01/07/1992	230.000,00	154.048,00	22,03	33,02
01/08/1992	230.000,00	124.664,00	23,57	45,79

Tabela 4.2: Salário nominal e real entre maio e agosto de 1992.

Em tempos de hiperinflação, o trabalhador tinha uma perda do poder de compra de 45,79% como mostra a tabela.

■ Taxa de Recomposição da Perda Salarial

A *taxa de recomposição (i_{recomp}) da perda salarial* é a taxa que deve ser incorporada ao salário para que o indivíduo recupere integralmente seu poder de compra, ou seja, para que sua perda seja zero.

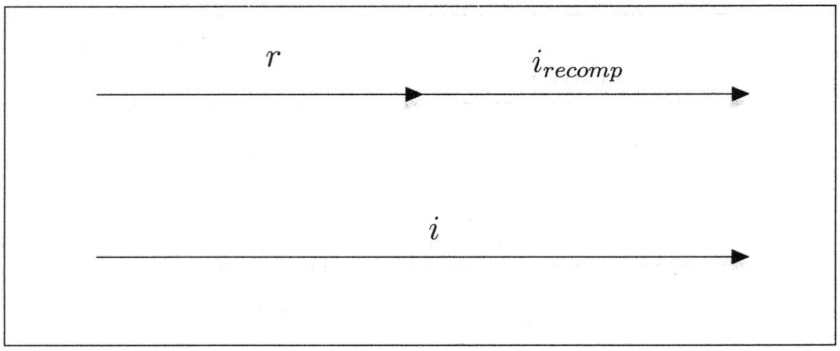

$$
\begin{aligned}
S(1+r)(1+i_{\text{recomp}}) &= S_i & \Rightarrow\\
S(1+r)(1+i_{\text{recomp}}) &= S(1+i) & \Rightarrow\\
(1+r)(1+i_{\text{recomp}}) &= 1+i & \Rightarrow\\
1+i_{\text{recomp}} &= \left(\frac{1+i}{1+r}\right) & \Rightarrow
\end{aligned}
$$

$$i_{\mathbf{recomp}} = \left(\frac{1+i}{1+r} - 1\right)$$

Exemplo 6. No caso do indivíduo que teve um reajuste de 20% com uma inflação de 25%, ele terá um reajuste de

$$i_{\text{recomp}} = \frac{1+0{,}25}{1+0{,}2} - 1 = 0{,}0416,$$

ou seja 4,16%, pois 20% acumulado com 4,16% é igual a 25%.

■ Relação entre Perda e Taxa de Recomposição

Sabendo que:

$$PERDA = 1 - \frac{1+r}{1+i} \quad \text{e que } i_{recomp} = \frac{1+i}{1+r} - 1$$

$$então \ \frac{1+r}{1+i} = 1 - PERDA = \frac{i}{1+i_{recomp}}$$

$$Assim \ PERDA = 1 - \frac{1}{1+i_{recomp}} = \frac{i_{recomp}}{1+i_{recomp}}$$

$$ou \ i_{recomp} = \frac{1}{1-PERDA} - 1$$

$$i_{recomp} = \frac{PERDA}{1\text{-}PERDA}$$

Como exemplo se a PERDA = 20% então i_{recomp}= 25%

4.4 Gatilho Salarial ou Escala Móvel

Você sabia?

O gatilho salarial ficou conhecido por ser parte do plano Cruzado, um conjunto de medidas econômicas lançadas pelo governo brasileiro em fevereiro de 1986, sendo José Sarney o presidente da República e Dilson Funaro o ministro da Fazenda. Na ocasião, o gatilho era disparado sempre que o acumulado do IPCA ultrapassasse 20%.

O gatilho salarial, ou escala móvel, é um sistema de correção de salários pelo qual só se realiza a correção quando a inflação atinge determinado nível limítrofe. Seja a inflação mensal de um determinado período dada por $i_1, i_2, i_3 \cdots i_n$ e que o índice limítrofe, pré-estabelecido, seja igual a r, dessa forma, toda a vez que a inflação acumulada atingir o índice r, os salários serão reajustados por esse índice r. Diz-se que o gatilho salarial foi disparado em r.

Se no mês k a inflação acumulada superar o índice r, ou seja,

$$(1+i_1)(1+i_2)\cdots(1+i_k)-1=i_{\text{acum}} \geq r,$$

então os salários são reajustados de um fator r. Mas vale observar que caso a inflação acumulada não seja exatamente r, o reajuste não será capaz de repor todo o poder de consumo do salário,

$$(1+i_1)(1+i_2)\cdots(1+i_k)-1=i_{\text{acum}} > r.$$

Nesses casos, o déficit para a efetiva recomposição salarial é chamado de **resíduo** (R) e deve ser agregado ao índice do mês seguinte, como uma espécie de inflação persistente. O valor do resíduo pode ser calculado pela expressão:

$$R=\frac{1+i_{\text{acum}}}{1+r}-1.$$

Uma vez definido o resíduo, o procedimento é incorporá-lo ao cálculo da inflação acumulada e repetir o processo de cálculo do gatilho salarial.

Dica

Em um cenário econômico com escala móvel, podemos definir a perda salarial de um período de k meses (onde o gatilho disparou uma única vez) pela expressão:

$$P_1=1-\frac{1+r}{1+i_{\text{acum}}}$$

Exemplo 7. Sendo as inflações, durante um certo período, dadas respectivamente por 2%, 2%. 3%, 3%, 4%, 4%, e que os salários sejam corrigidos por um sistema de escala móvel cujo gatilho é de 5%. Como ficaria uma tabela que estimasse a perda salarial para esse período.

MÊS	INFLAÇÃO	INFLAÇÃO ACUM.	ACUM+RES	REAJUSTE	REAJUSTE ACUM.	RESÍDUO	PERDA
Janeiro	2,00%	2,00%	2,00%	0,00%	0,00%	0,00%	1,96%
Fevereiro	2,00%	4,04%	4,04%	0,00%	0,00%	0,00%	3,88%
Março	3,00%	7,16%	7,16%	5,00%	5,00%	2,06%	2,02%
Abril	3,00%	10,38%	5,12%	5,00%	10,25%	0,11%	0,11%
Maio	4,00%	14,79%	4,12%	0,00%	10,25%	4,12%	3,96%
Junho	4,00%	19,38%	8,28%	5,00%	15,76%	3,13%	3,03%

Inflação Acumulada	19,38%
Perda ao final	3,03%
Reajuste necessário?	3,13%
Poder de compra	98,97%

4.5 Depreciação ou Desvalorização

> **Atenção**
> Comumente os conceitos de depreciação e desconto são confundidos. Por exemplo: *Um determinado bem que tenha um valor nominal de R$ 100,00, depois de 20% de inflação em um certo período, não terá o valor real de R$ 80,00 (referente a 20% de desconto) e sim de R$83,33.*

O valor depreciado é o valor real (V_{REAL}) que um bem assume após contar com a desvalorização da inflação e pode ser obtido pela expressão:

$$V_{\text{REAL}} = \frac{V}{1+i}, \tag{4.6}$$

onde V é o valor inicial e i é a taxa de inflação no período.

Exemplo 8. O valor real de uma cédula de R$ 100,00, em julho de 2015, supondo que ela tivesse sido lançada juntamente com o plano Real, em julho de 1994, é de R$ 19,03. A inflação acumulada no período foi de 425,31%, portanto:

$$V_{REAL} = \frac{100}{(1 + 4{,}2531)} = 19{,}03.$$

4.6 O Valor Atual e o Valor Futuro e suas aplicações

Analise o problema. Suponha que um determinado supermercado ofereça aos seus clientes duas formas de pagamentos para a compra de um televisor de R$ 2.000,00 (preço de tabela):

(a) Pagamento à vista com 10% de desconto sobre o preço do televisor.

(b) Pagamento em 30 dias pelo preço de tabela.

Então qual é o plano mais vantajoso para o consumidor supondo uma taxa de rentabilidade i igual a 8% ao mês?

Qual forma de pagamento é melhor? Pagar o valor de R$ 1.800,00 no ato da compra, que corresponde ao valor de tabela descontado em 10%, ou pagar R$ 2.000,00 em 30 dias. Esse problema se resume em saber comparar os dois valores (Fig. 4.2).

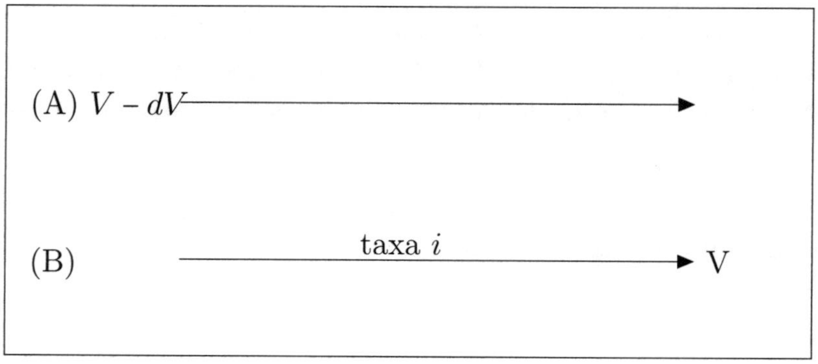

Figura 4.2: Os planos se referem a pagamentos diferentes em instantes diferentes.

Para compararmos esses valores, devemos utilizar a taxa de rentabilidade existente ($i = 8\%$) e seu impacto para o período de 30 dias. Note que essa comparação poderá ser efetuada utilizando como data focal o mês seguinte ou o dia da compra, ou seja:

(A) Podemos deslocar o valor correspondente a R$ 1.800,00 para daqui a 30 dias com uma rentabilidade de 8% e compará-lo com o pagamento de R$ 2.000,00.

$$V_A = 1.800{,}00 \cdot (1 + 0{,}08) = 1.944{,}00 \quad < \quad 2.000{,}00 = V_B,$$

(B) Ou calcular o valor correspondente a R$ 2000,00 no ato da compra.

$$V_B = \frac{2.000}{1 + 0{,}08} = 1.851{,}85 \quad > \quad 1.800{,}00 = V_A.$$

Onde V_A é o valor correspondente ao plano A e V_B é o valor correspondente ao plano B.

Utilizando tanto (A) quanto (B), o plano mais vantajoso para o consumidor é aquele que representa o menor valor. Logo A é mais vantajoso para o consumidor.

Neste ponto você deve perceber que não importa o ponto do tempo que se utiliza para fazer a comparação, o importante é que se compare os valores sempre no mesmo instante.

De uma maneira geral, podemos fazer uma análise dos intervalos onde cada plano é mais vantajoso, ou seja, A é mais vantajoso que B se $V(1 - d)(1 + i) < V$, ou seja, se a taxa de desconto d for maior que $\frac{i}{1+i}$. Caso contrário B é mais vantajoso que A. Especificamente para $d = \frac{i}{1+i}$ os planos são equivalentes.

4.7 Atividades resolvidas

■ Orçamento Doméstico

Um trabalhador conseguia "equilibrar"o seu orçamento doméstico com uma renda mensal R. Sabe-se que os seus gastos eram feitos principalmente com aluguel, supermercados, transportes, plano de saúde, vestuário e outros (cerveja, lazer, cinema,... etc.). A distribuição com os gastos no ano passado foi a seguinte:

ITEM	%
Aluguel	25,00
Transporte	20,00
Supermercado	30,00
Plano de Saúde	15,00
Vestuário	5,00
Outros	5,00

A) Baseando-se na tabela acima, qual será a nova distribuição orçamentária se os gastos necessários sofreram o seguinte reajuste: aluguel (10%), supermercado (30%), transporte (20%), plano de saúde (10%) e vestuário (15%). Suponha que a sua renda mensal seja a mesma e que aluguel, supermercado, plano de saúde e transporte sejam indispensáveis.

Solução de A)

Sendo o aluguel, responsável por consumir 25% da renda R, temos que o valor nominal x de gastos com aluguel é $0{,}25R$. Dessa forma, um reajuste x para $1{,}1x = 1{,}1(0{,}25.R)$. Assim, o novo valor de aluguel é $0{,}275\%$. Observe que essa maneira de obter o valor reajustado já expressa a fração da receita R que é consumida pelo item.

Podemos concluir que, para qualquer item que consuma uma certa fatia f_k da receita, a sua nova participação percentual depois de um reajuste é dada por $f_k \times (1 + reajuste_k)$. Assim sendo, temos:

- Novo custo do transporte = $(20\%R)(1 + 20\%) = 24\%R$
- Novo custo do supermercado = $(30\%R)(1 + 5\%) = 31{,}5\%R$
- Novo custo do plano de saúde = $(15\%R)(1 + 10\%) = 16{,}5\%R$.

O montante consumido pelos itens indispensáveis, totaliza $99{,}5\%$ da receita, deixando $0{,}5\%$ para vestuário e outros. Portanto, a nova distribuição seria da forma:

ITEM	%
Aluguel	27,50
Transporte	24,00
Supermercado	31,50
Plano de Saúde	16,50
Vestuário + Outros	0,50

B) Se a renda mensal deste trabalhador sofrer um reajuste da ordem de 8%, como ficará os seus gastos?

Solução de B)

Observe que a fração f de um item que compõe o orçamento doméstico é calculado pela forma:

$$\text{fração percentual} = \left(\frac{valor\ \ gasto\ \ no\ \ item}{receita} \times 100\right)\%$$

Sendo assim, um aumento de $r\%$ em R é incorporado multiplicando o denominador $(receita)$ por $(1 + r\%)$. Dessa forma, a nova distribuição é obtida dividindo todos percentuais por $(1 + 8\%)$.

ITEM	%
Aluguel	25,46
Transporte	22,22
Supermercado	29,17
Plano de Saúde	15,28
Vestuário + Outros	7,87

C) Qual o reajuste mínimo para que possam ser garantidos todos os itens descritos no primeiro item?

Solução de C)

Nos itens anteriores não calculamos o reajuste sobre vestuários por saber que a renda R do indivíduo era insuficiente para preservar vestuários e outros na mesma proporção. Vamos realizar o reajuste, vestuário: $5\%(1 + 15\%) = 5{,}75\%$, e observar que se substituirmos na primeira tabela teríamos um total de $105{,}25\%$.

ITEM	%
Aluguel	27,50
Transporte	24,00
Supermercado	31,50
Plano de Saúde	16,50
Vestuário	5,75
Outros	5,00

Ou seja, para preservarmos o mesmo nível de compra do início, extrapolaríamos a renda em $5{,}25\%$. Ou seja, depois de todos os reajustes, para manter a possibilidade de comprar as mesmas quantidades e itens anteriores, teremos que gastar $105{,}25\%$ de R, portanto, para preservarmos todos itens e ficarmos com um resíduo de 5% como "outros", temos que $105{,}25\% = 95\%\,(1 + r)$, em que r é o reajuste que deve ser concedido. Assim sendo, o reajuste deve ser de 10,79%. Logo, a nova distribuição com este orçamento é a seguinte:

ITEM	%
Aluguel	24,80
Transporte	21,70
Supermercado	28,40
Plano de Saúde	14,90
Vestuário	5,20
Outros	5,00
TOTAL	100,00

Usando a Planilha Eletrônica. Você conseguiria gerar gráficos de pizza para a tabela de orçamento? O seu gráfico final deve se parecer com este:

Você verá a seguir que é bem simples construir um gráfico no Microsoft Excel. Para começar, clique no menu **Inserir** que fica na parte superior da planilha e vá ao quadro de gráficos. Depois siga os seguintes passos:

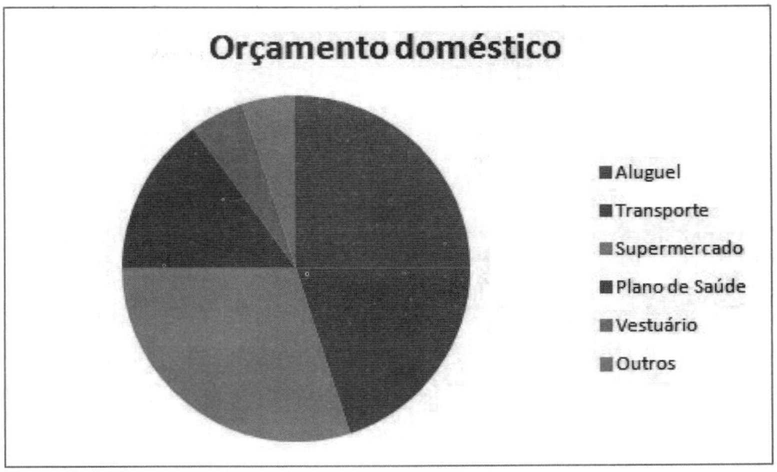

No computador

Pode existir mais de uma forma de representar seus dados. Gráficos em colunas e gráficos em barras são visualizações alternativas da informação do exercício:

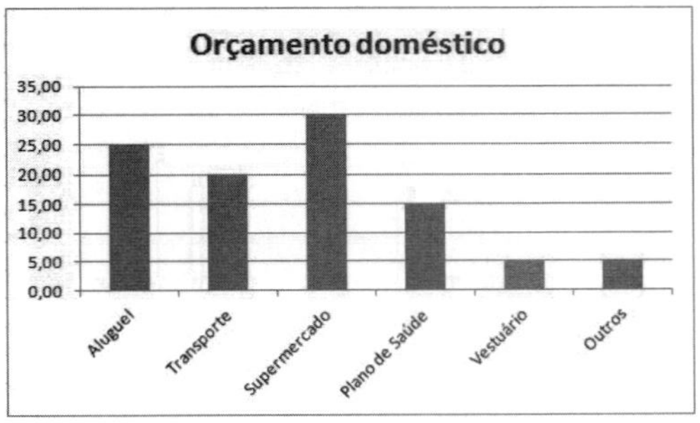

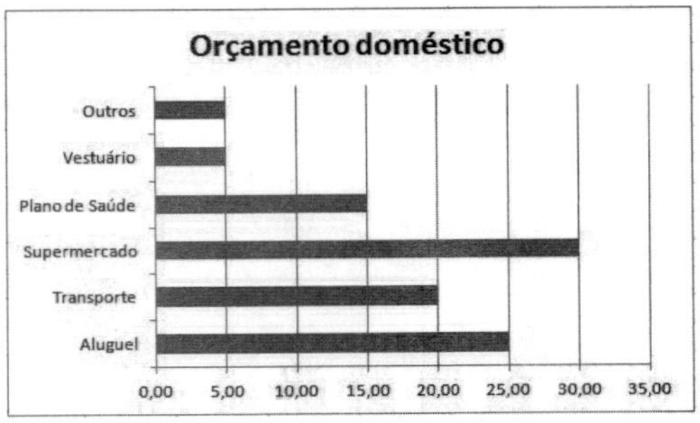

É importante no momento de construção do gráfico definir qual função essa representação pictórica terá e então escolher aquela que nos é mais conveniente.

1. Tipo de gráfico:

Nesse quadro você tem várias opções para o tipo de gráfico.

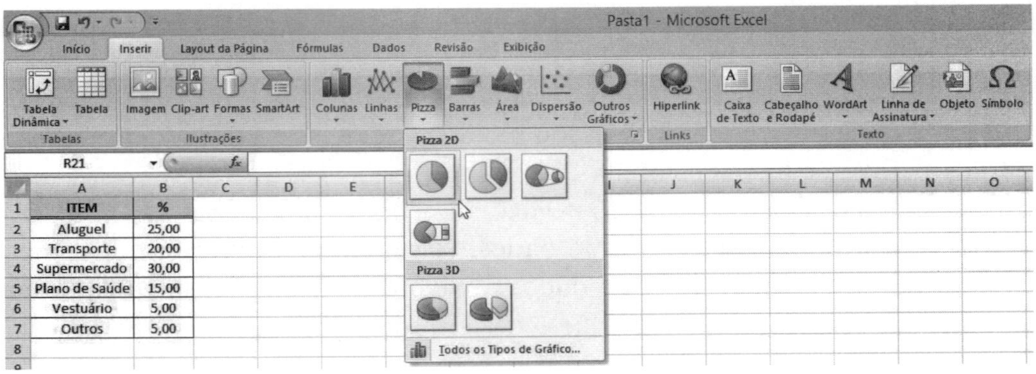

Ao clicar em qualquer opção do tipo de gráfico, você verá que dentro de cada tipo existem subtipos (2D, 3D, etc). O último menu que tem dentro do quadro gráficos tem mais algumas outras opções de tipos de gráficos. Ao clicar no tipo de gráfico escolhido, você terá que selecionar a fonte de dados, como veremos a seguir.

2. Fonte de dados:

Nesta parte da construção do seu gráfico você terá que selecionar uma fonte de dados. Uma fonte de dados é um endereçamento do local das informações em sua planilha, por exemplo: `Plan1!$A$2:$B$7`. Observe que uma fonte de dados pode consistir em mais de uma região em uma planilha, por exemplo:

`Plan1!$A$2:$A$7;Plan1!$D$2:$D$7`.

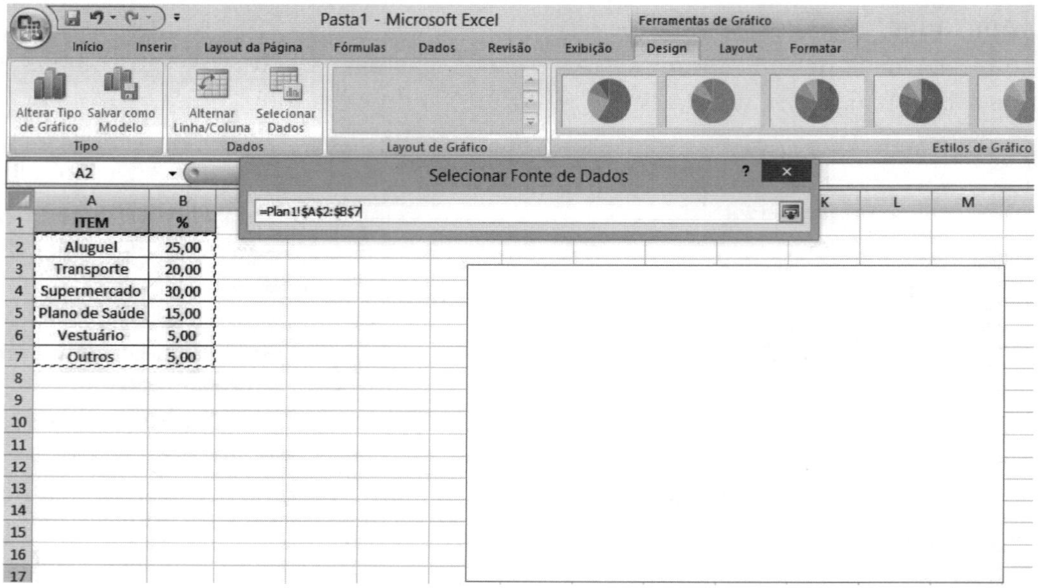

Como visto no exemplo, se desejar uma fonte de dados de múltiplas áreas de células que não estejam adjacentes, insira a primeira fonte, adicione manualmente um ponto e vírgula no fim da caixa de texto e, em seguida, insira as outras fontes. Utilize um ponto e vírgula como delimitador entre fontes.

3. Série de dados:

Selecionada a fonte de dados, agora você terá uma janela onde poderá fazer alguns ajustes como editar os rótulos e inverter linhas e colunas.

Na caixa de listagem **Série de dados**, você verá uma lista de todas as séries de dados do gráfico atual. Para organizar a série de dados, selecione uma entrada na lista, clique em **Adicionar**, para adicionar outra série de dados abaixo da entrada selecionada, e dessa forma a nova série de dados tem o mesmo tipo que o da entrada selecionada.

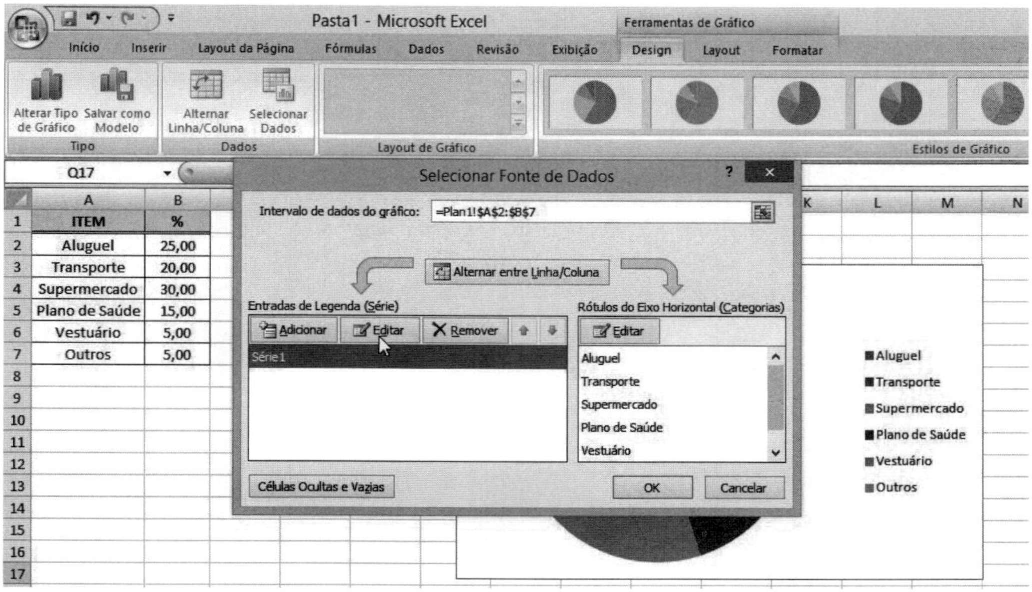

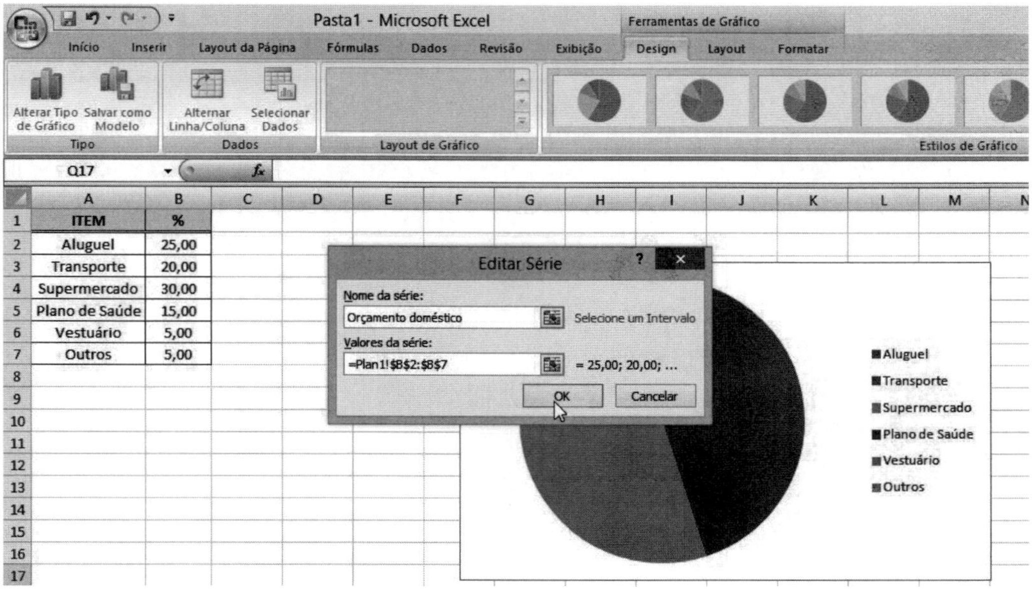

Caso queira editar o título do gráfico, é só editar o título da série assim: clique na série ⇒ clique em editar ⇒ na nova janela que se abrir digite o novo título em **Nome da Série**.

O intervalo de uma função de dados, como **Valores de Y**, não deve incluir células do rótulo. Para editar rótulos de categorias ou dados, você dever inserir o intervalo que será utilizado como texto para rótulos de categorias ou dados. Dependendo do tipo de gráfico, os textos são mostrados no eixo X ou como rótulos de dados.

Depois que tiver terminado, basta clicar em **OK** na janela **Selecionar Fonte de Dados** e o gráfico será criado em sua planilha.

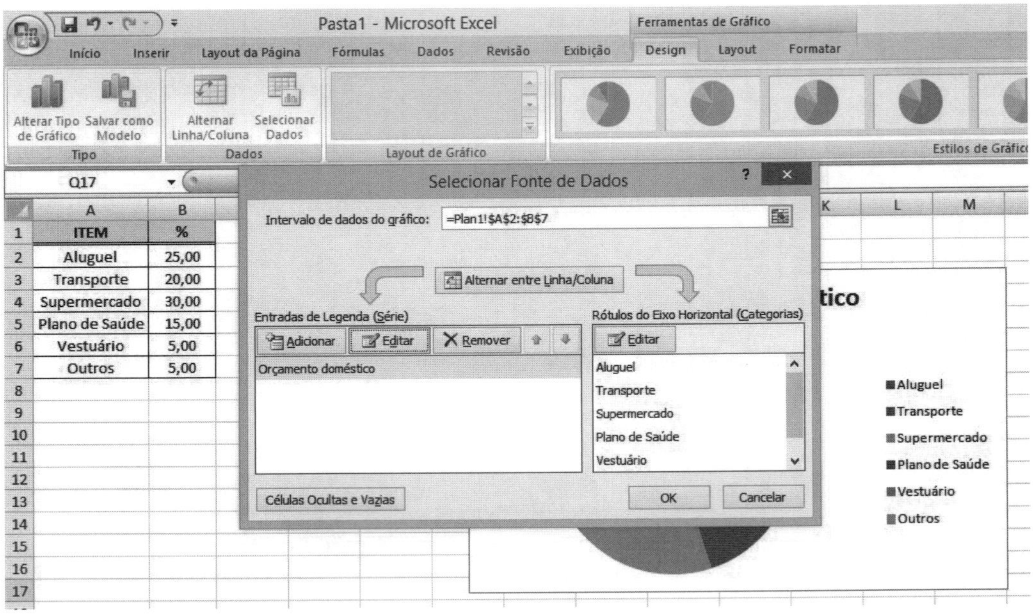

Dica

Pode-se incluir elementos adicionais ao gráfico como eixos secundários, grades secundárias, rótulos de dados e estatísticas. Em estatísticas temos como exemplo valores médios, barras de erro Y e linhas de tendência.

Usando a Planilha Eletrônica. Você consegue fazer os gráficos das outras tabelas de orçamento? Tente, é simples.

■ Gatilho Salarial

Um indivíduo tem reajuste mensal sobre o seu salário com base em um gatilho de 5,0% (i.e., toda vez que o índice de inflação acumulada ultrapassa 5,0%, o indivíduo tem o seu salário reajustado automaticamente em 1,0%). Admitindo que a taxa mensal de inflação a partir do 1° mês seja de 2,0%, e que a mesma aumente em uma progressão aritmética de razão 1,0% a cada dois meses, então:

A) Qual a inflação acumulada nos primeiros oito meses?

B) Indique em qual(is) mês(es) o gatilho deverá disparar;

C) Qual a perda salarial após cada disparo do gatilho?

D) Ao final desses oito meses qual deveria ser o reajuste de maneira que o indivíduo recupere todo o seu poder de compra (PERDA ZERO)?

Solução de Gatilho Salarial)

MÊS	INFLAÇÃO	INFLAÇÃO ACUM.	ACUM+RES	REAJUSTE	REAJUSTE ACUM.	RESÍDUO	PERDA
Janeiro	2,00%	2,00%	2,00%	0,00%	0,00%	0,00%	1,96%
Fevereiro	2,00%	4,04%	4,04%	0,00%	0,00%	4,04%	3,88%
Março	3,00%	7,16%	7,16%	5,00%	5,00%	2,06%	2,02%
Abril	3,00%	10,38%	5,12%	5,00%	10,25%	0,11%	0,11%
Maio	4,00%	14,79%	4,12%	0,00%	10,25%	4,12%	3,96%
Junho	4,00%	19,38%	8,28%	5,00%	15,76%	3,13%	3,03%
Julho	5,00%	25,35%	8,28%	5,00%	21,55%	3,13%	3,03%
Agosto	5,00%	31,62%	8,28%	5,00%	27,63%	3,13%	3,03%

=(1+D7)*(1+C8)-1

=(1+H8)*(1+C9)-1

=SE(E7<5%;0%;5%)

=(1+G8)*(1+F9)-1

=(1+E8)/(1+F8)-1

=1-(1+G7)/(1+D7)

Inflação Acumulada	31,62%
Perda ao final	3,03%
Qual o reajuste necessário?	3,13%
Poder de compra	96,97%

■ Mensalidades Escolares

Um colégio utiliza 80% das mensalidades escolares para pagar a folha de pagamento dos professores, na qual a receita do colégio é composta pela soma das mensalidades.

A) Sabendo que o colégio pretende reajustar o salário dos professores em 20%, e que de agora em diante ele se vê obrigado a utilizar no máximo 60% de sua receita para a folha de pagamento, qual deverá ser a taxa mínima de reajuste das mensalidades?

Solução de A)

Vamos nomear as seguintes variáveis:

S: Gastos atuais com salário,
S': Gastos com salários reajustados,
R: Receita atual,
R': Receita reajustada.

A receita R é o somatório das mensalidades, então o aumento percentual de cada mensalidade impacta de forma percentual idêntica em R. Em outras palavras, o fator de reajuste das mensalidades é o mesmo fator de reajuste da receita, portanto,

$$S' = 1{,}2(0{,}8R) = 0{,}96R$$

ou seja, com o aumento de 20% no salário dos professores, o custo da folha de pagamento passa de 80% para 96% da receita. Para que este novo valor S' seja apenas 60% da receita, temos que:

$$S' = 0{,}6R' \Rightarrow R' = \frac{0{,}96}{0{,}6} = 1{,}6R$$

portanto, a mensalidade deverá ser reajustada de 60%.

B) Qual seria o reajuste dos professores, se o colégio reajustasse as mensalidades em 50%, e que toda a receita fosse gasta com a folha de pagamento dos professores?

Solução de B)

O salário aumentaria em 88% pois:

$$S' = R' = 1{,}5R = 1{,}5\left(\frac{S}{0{,}8}\right) = 1{,}88S$$

Cálculo da Perda de Valor em Função do Plano Collor

Antes da Medida Provisória $n^{\underline{o}}$ 168, de 15 de Março de 1990, convertida pelo Congresso, na íntegra, na Lei $n^{\underline{o}}$ 8024, de 12 de Abril de 1990, a determinação do valor nominal do indexador oficial - o BTN - era feito segundo a variação do IPC do IBGE. Após, tendo o seu valor sido mantido constante ao longo do mês de abril (ou seja, a "inflação oficial" do mês de abril foi mantida como nula), o valor nominal do BTN passou a ser utilizado segundo a variação do então criado IRVF. Desta maneira, somente no mês de abril de 1990, tendo presente que a taxa de variação do IPC foi de 44,80%, segue-se que os credores dos cruzados novos bloqueados tiveram uma perda igual 30,94% do valor bloqueado.

Para melhor visualizar a perda acumulada até o final do bloqueio propriamente dito, causada pela mudança na determinação do valor do BTN, consideremos a tabela abaixo. Nesta que se refere ao caso da Caderneta de Poupança, que recebe juros mensais à taxa de 0,5% a.m incidente sobre os valores dos saldos monetariamente atualizados segundo o valor nominal do BTN (sistemática que era também, aproximadamente, a adotada para a remuneração dos ativos bloqueados) tem-se uma comparação entre o que efetivamente ocorreu no período de 1º de abril de 1990 e 1º de fevereiro de 1991, e o que teria ocorrido se tivesse sido mantida a atualização monetária segundo a variação do IPC.

A) Preencha a tabela a seguir fazendo as estimativas mensais e acumuladas das perdas da caderneta de poupança durante o plano Collor. Descubra a taxa de recomposição necessária para que a perda seja nula.

Mês	ICP (%)	IRVF (%)	Poupança ICP (%)	Poupança IRFV (%)	i_r	Perda
Abril 90	44,80	...	45,52	0,50		
Maio 90	7,87	5,38	8,41	5,90		
Junho 90	9,55	9,61	10,10	10,16		
Julho 90	12,92	10,79	13,48	11,34		
Agosto 90	12,03	10,58	12,59	11,13		
Setembro 90	12,76	12,85	13,32	13,41		
Outubro 90	14,20	13,71	14,77	14,28		
Novembro 90	15,58	16,64	16,16	17,22		
Dezembro 90	18,30	19,39	18,89	19,99		
Janeiro 91	19,91	20,21	20,50	20,81		
Acumulado						

Solução de A)

Mês	IPC	IRVF	Poupança IPC	Poupança IPC Acum.	Poupança IRVF	Poupança IRVF Acum.	Taxa de recomposição	Perda sobre o Valor Bloqueado
Abr.90	44,80%	-----	45,52%	45,52%	0,50%	0,50%	44,80%	30,94%
Mai.90	7,87%	5,38%	8,41%	57,76%	5,90%	6,43%	48,23%	32,54%
Jun.90	9,55%	9,61%	10,10%	73,69%	10,16%	17,24%	48,15%	32,50%
Jul.90	12,92%	10,79%	13,48%	97,11%	11,34%	30,54%	50,99%	33,77%
Ago.90	12,03%	10,58%	12,59%	121,92%	11,13%	45,07%	52,98%	34,63%
Set.90	12,76%	12,85%	13,32%	151,48%	13,41%	64,52%	52,86%	34,58%
Out.90	14,20%	13,71%	14,77%	188,62%	14,28%	88,01%	53,51%	34,86%
Nov.90	15,58%	16,64%	16,16%	235,27%	17,22%	120,39%	52,12%	34,26%
Dez.90	18,30%	19,39%	18,89%	298,60%	19,99%	164,45%	50,73%	33,66%
Jan.91	19,91%	20,21%	20,50%	380,31%	20,81%	219,48%	50,34%	33,49%
Acum.				**380,31%**		**219,48%**	**50,34%**	**33,49%**

Logo, enquanto a poupança oficial no período foi de 380,31%, a popunça IRVF rendeu 219,48%, o que ocasionou uma perda de 33,48% para o poupador, e para que a perda fosse nula seria necessário corrigir ainda os valores no total de 50,34%

■ Como Pedir um Desconto?

B) Quanto você deve pedir de desconto sobre a compra de um produto ou serviço quando abre mão de um prazo e se dispõe a pagar todo o valor à vista? Preencha a tabela abaixo para saber o quanto de desconto deve-se pedir conforme a expectativa de juros mensais:

Expectativa de juros	Número de prestações		
	2	3	4
1%			
2%			
3%			
4%			
5%			
6%			
7%			
8%			
9%			

Solução de B)

Vamos obter uma expressão para o desconto composto D inspirada na ideia do desconto racional simples:

$$\begin{aligned} D &= M - P \Rightarrow \\ D &= P(1+i)^n - P \Leftrightarrow \\ D &= P[(1+i)^n - 1]. \end{aligned}$$

Pode-se também preservar o montante M para obtermos D em função do valor futuro, portanto $D = M - \dfrac{M}{(1+i)^n} = \dfrac{M(1+i)^n - 1}{(1+i)^n}$. Disso decorre que a taxa de desconto d pode ser encontrada da seguinte maneira:

$$\begin{aligned} D = Md = M\frac{(1+i)^n - 1}{(1+i)^n} &\Leftrightarrow \\ d = \frac{(1+i)^n - 1}{(1+i)^n} \end{aligned}$$

No computador

Na imagem seguinte, na parte referente ao endereço da célula `$A3` e `B$2`, o caracter `$` tem a função de fixar a coluna e a linha, respectivamente. Esse caracter serve para que na expansão da fórmula, por exemplo na linha 3, a fórmula de `C3` e `D3` tomem o endereço `A3` em `B3` e `C3`, respectivamente.

Se quiser fixar um valor em uma fórmula, basta anteceder as coordenadas de linha e coluna com `$`(*ex.:* `$A$1`) ou definir um nome para o campo. O nome é o apelido que se dá a uma constante, célula ou intervalo ao usar a opção `Inserir` → `Nome` → `Definir`.

=1-0,5*((1+B6)^2-1)/((1+B6)^2*B6)

Expectativa de juros	Número de prestações		
	2	3	4
1%	1,50%	2,00%	2,50%
2%	2,90%	3,90%	4,80%
3%	4,30%	5,70%	7,10%
4%	5,70%	7,50%	9,30%
5%	7,00%	9,20%	11,40%
6%	8,30%	10,90%	13,40%
7%	9,60%	12,50%	15,30%
8%	10,80%	14,10%	17,20%
9%	12,00%	15,60%	19,00%

=1-1/3*((1+B9)^3-1)/((1+B9)^3*B9)

=1-0,25*((1+B13)^4-1)/((1+B13)^4*B13)

Cheque Pré-datado

Em uma rede de postos de gasolina, existem duas formas de pagamentos para a compra do combustível:

Plano A: À vista com um desconto de R$ 0,38 por litro;

Plano B: Cheque pré-datado para 30 dias .

A) Qual o mais vantajoso se a taxa de juros para o cheque especial é de 12% a.m.?

Solução de A)

Levando-se em consideração os 2 planos para a data focal de 30 dias do abastecimento, temos:

$$P_A : n \cdot (p - 0{,}38) \cdot (1 + 12\%),$$
$$P_B : n \cdot p.$$

Aqui usamos p como o preço por litro e n a quantidade de litros postos. As condições que fazem P_A ser mais atraente que P_B é

$$n \cdot (p - 0{,}38) \cdot (1 + 12\%) < p \cdot n \Leftrightarrow$$
$$p < \frac{0{,}38(1 + 12\%)}{12\%} = 3{,}55$$

Em outras palavras, escolhemos o plano baseado no preço do combustível. Caso o valor do litro seja inferior a 3,55, o plano A é mais atraente. Caso contrário, B passa a ser o plano mais atraente.

B) De quanto deverá ser o desconto por litro para que comprar à vista seja sempre mais vantajoso?

Solução de B)

Pelo mesmo raciocínio acima, se substituirmos 0,38 por D, teremos que P_A é melhor se $P < D \cdot \frac{1 + 12\%}{12\%} = 9{,}33D \Rightarrow D > \frac{P}{9{,}33}$. Portanto, se o desconto for igual ou superior a 10,7% de P(preço por litro) o plano A sempre será melhor.

C) Faça em uma planilha eletrônica e sobreponha os gráficos das funções dos planos A e B

Solução de C)

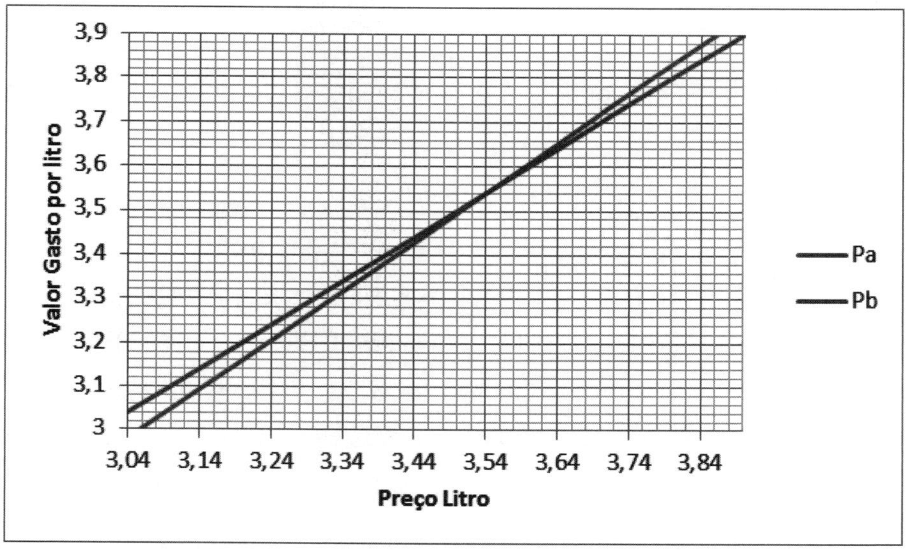

■ Imposto de Renda

Um trabalhador assalariado tem um desconto na fonte todos os meses em função da incidência do imposto de renda sobre os seus rendimentos. As alíquotas variam de acordo com o seu rendimento da seguinte maneira:

Base de Cálc. (abril/15)	Alíquota (%)	Parcela a Deduzir (R$)
Até 1.903,98	Isento	
De 1.903,99 até 2.826,65	7,5	142,8
De 2.826,66 até 3.751,05	15	354,8
De 3.751,06 até 4.664,68	22,5	636,13
Acima de 4.664,68	27,5	869,36

A) Como você obteria a coluna **Parcela a deduzir** caso ela não houvesse sido dada?

Solução de A)

A função $IR(x)$ define a tela acima, onde x é o rendimento dado pela seguinte função por partes:

$$IR(x) = \begin{cases} 0 & \text{se } x \leq 1903{,}98 \\ 0{,}075x - 142{,}8 & \text{se } 1903{,}98 < x \leq 2826{,}65 \\ 0{,}15x - 354{,}01 & \text{se } 2826{,}65 < x \leq 3751{,}05 \\ 0{,}225x - 636{,}13 & \text{se } 3751{,}05 < x \leq 4664{,}68 \\ 0{,}257x - 869{,}36 & \text{se } x \geq 4664{,}68 \end{cases}$$

E o gráfico abaixo representa uma função contínua por partes nos pontos onde há uma mudança de alíquotas devido as faixas de rendas:

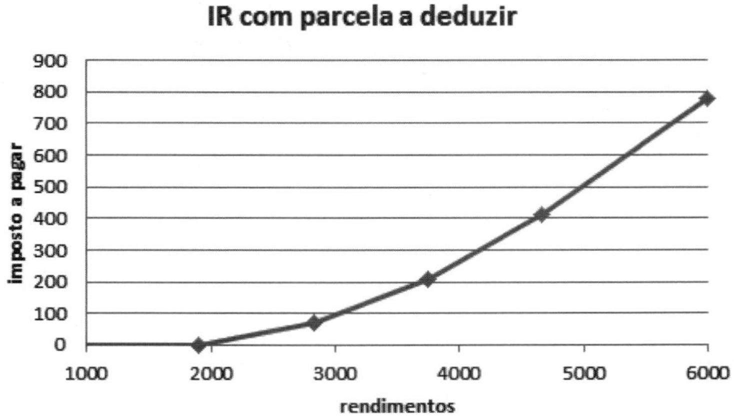

Caso não houvesse a "PARCELA A DEDUZIR" então teríamos a função IR(x) descontínua, onde há as mudanças de alíquota:

$$IR(x) = \begin{cases} 0 & \text{se } x \leq 1903{,}98 \\ 0{,}075x & \text{se } 1903{,}98 < x \leq 2826{,}65 \\ 0{,}15x & \text{se } 2826{,}65 < x \leq 3751{,}05 \\ 0{,}225x & \text{se } 3751{,}05 < x \leq 4664{,}68 \\ 0{,}257x & \text{se } x \geq 4664{,}68 \end{cases}$$

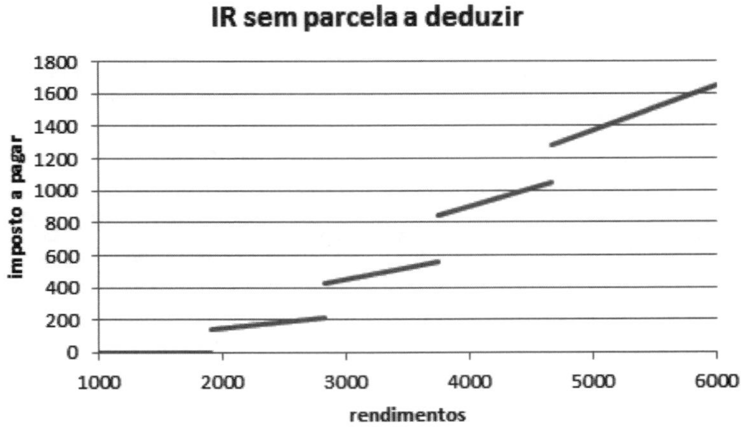

Dessa maneira, um indivíduo que tem um rendimento de R$ 1.903,68 está isento de pagamento de IR, ao passo que se o seu rendimento fosse de R$1.903,69 ele teria que pagar R$142,78, ou seja, um acréscimo de R$0.01 em seu rendimento acarreta um aumento de R$142,78. Para corrigir esta distorção é necessário que a função IR(x) seja contínua em x = 1,903,68. Assim sendo, dada a função **IR(x) = 0,075x - a** temos que encontrar **a** de tal maneira que:

$$\lim_{x \to 1903{,}68} 0{,}075x - a = 0$$

então a = 142,8. Analogamente podemos encontrar as parcelas que devem ser deduzidas tal que a função IR(x) seja inteiramente contínua, corrigindo assim as distorções existentes.

B) Como ficaria o gráfico rendimentos × imposto a pagar?

> **No computador**
>
> Existe mais de uma maneira de representar uma função por partes. Podemos usar a função `SE` de forma aninhada ou manipular de forma inteligente a função `DEGRAU`.

Solução de B)

Por simplicidade vamos usar uma tabela de valores convenientes e calcular o imposto de acordo com a faixa destes valores.

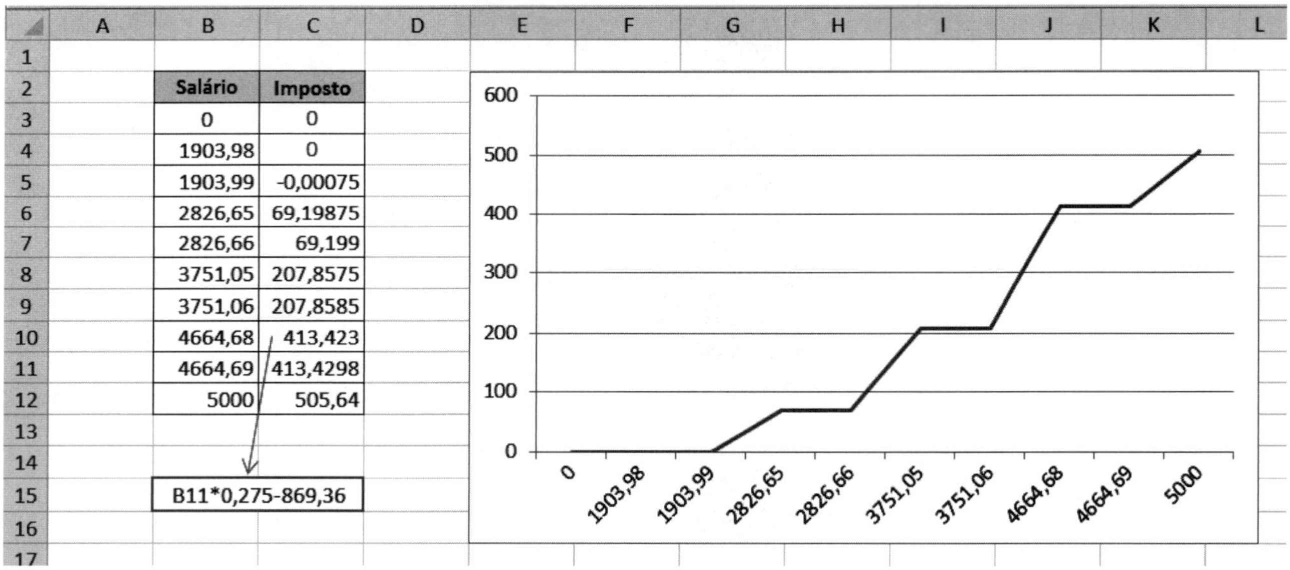

Salário	Imposto
0	0
1903,98	0
1903,99	-0,00075
2826,65	69,19875
2826,66	69,199
3751,05	207,8575
3751,06	207,8585
4664,68	413,423
4664,69	413,4298
5000	505,64

Pagamento de Consórcio

Entrar para um grupo de consórcio às vezes é a única maneira de se conseguir comprar um carro 0 Km. Suponha que eu deseje entrar para um grupo de 50 participantes para adquirir um automóvel que custa R$ 23.480,00. Se o período a serem pagas as parcelas for mensal, então será um grupo de 50 meses.

O consórcio é uma modalidade de aquisição baseada na união de seus consorciados afim de que suas parcelas formem uma poupança comum. Essa poupança pode ser usada por seus participantes de acordo com as regras previstas no contrato do grupo. Admitindo por simplicidades a não inclusão de taxas administrativas, temos:

Parcela é igual a $\dfrac{\text{Valor do bem}}{\text{Tamanho do grupo}}$,

e que será reajustada conforme o reajuste do bem.

A) Se eu recebo um salário de R$ 1.000,00 o qual deverá ser reajustado mensalmente em 5% daqui em diante, então qual poderá ser o índice máximo de reajuste mensal de maneira que eu não fique inadimplente?
Supor que os primeiros reajustes do automóvel e do salário ocorram daqui a 30 dias.

Solução de A)

Parcela é igual a $\dfrac{23.480{,}00}{50} = 469{,}60$,

Salário no instante t é igual a $1.000(1 + 5\%)^t$

Parcela no instante t é igual a $469{,}60(1 + i\%)^t$

Portanto para t = 50:

$$469{,}60(1+i)^{50} \le 1000(1+5\%)^{50} \quad \Rightarrow$$
$$i \le \left(\frac{11.467{,}40}{469{,}60}\right)^{\frac{1}{50}} - 1 \quad \Rightarrow$$
$$i \le 6{,}6\%.$$

Ou seja, a taxa média de reajuste do automóvel tem que ser menor do que $6{,}6\%$.

Analise o problema. Se eu estabelecesse uma cota máxima de 50% para pagar esse consórcio, qual seria esse índice de reajuste?

■ O sonho de comprar um veículo

> Seja um automóvel no valor de R$ 26.540,00. Suponha que esse valor será reajustado mensalmente em 1% a.m., e que a poupança renderá 0,6% a.m. nos próximos dois anos. Suponha que o primeiro reajuste do carro deverá ocorrer daqui a 30 dias.

A) Quanto se deve depositar mensalmente na poupança para que se consiga comprar esse carro daqui a 2 anos? Admita o primeiro depósito em 30 dias.

Solução de A)

Representando estas situações pelos diagramas de fluxo de caixa, teremos:

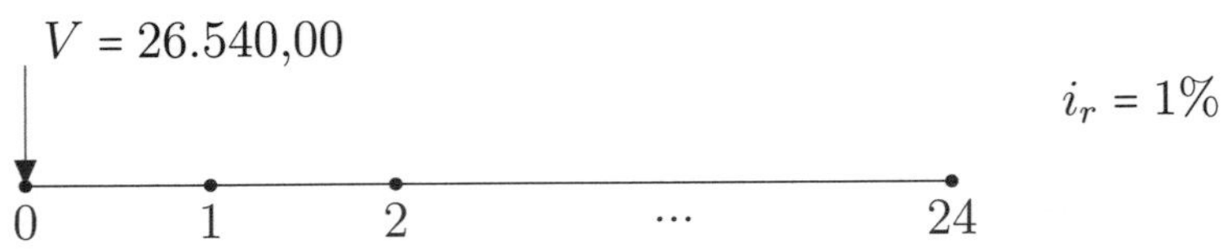

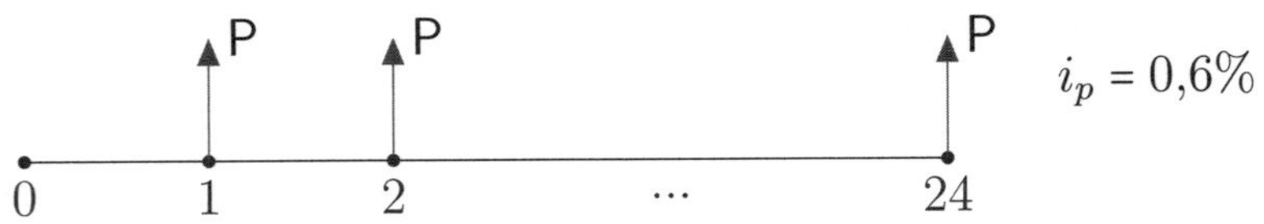

Usando o instante $t = 24$ como data focal, temos:

$$V(1+i_r)^{24} = P + P(1+i_p) + \cdots + P(1+i_p)^{23}$$

$$\Rightarrow P = \frac{V(1+i_r)^{24}}{1 + (1+i_p) + \cdots + (1+i_p)^{23}}$$

O denominador pode ser substituído por uma expressão mais simples por se tratar de uma soma de termos de uma progressão geométrica, portanto:

$$P = \frac{V(1+i_r)^{24}}{\frac{(1+i_p)^{24}-1}{i_p}} = \frac{V(1+i_r)^{24} i_p}{(1+i_p)^{24}-1}$$

$$= \frac{26.540(1+1\%)^{24} \cdot 0{,}6\%}{(1+0{,}6\%)^{24}-1}$$

$$= 1.305{,}20$$

Para resolver o mesmo problema no Excel utilizaremos o cálculo do PGTO em função do **Valor Futuro**, da **Taxa de Reajuste da Poupança** e do número de depósitos a serem efetuados. Em uma célula o valor do carro daqui a 24 meses, é dado pela fórmula do Valor Futuro $VF = 26540 * (1+0{,}01)^{24}$ e, abaixo, faremos o cálculo do PGTO utilizando a fórmula do Excel:

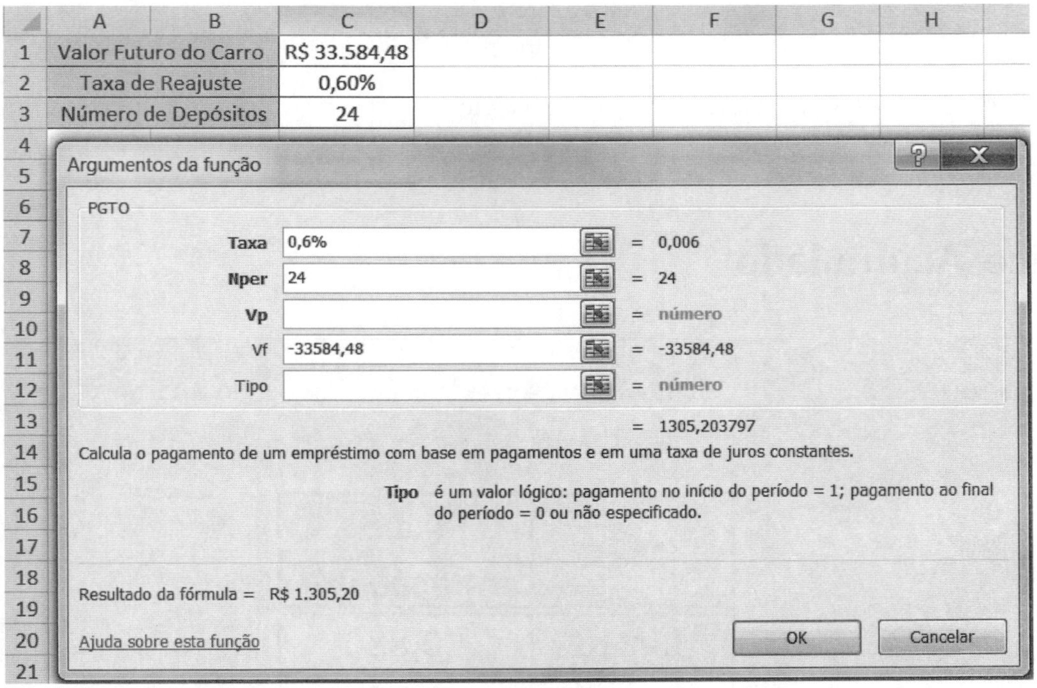

Logo, deverá ser depositado mensalmente a quantia de R$1305,20.

B) Se esse automóvel fosse reajustado pela taxa de poupança e eu depositasse mensalmente a quantia de R$ 900,00, em quanto tempo se conseguiria comprar o carro?

Solução de B)

Para este problema, nossa variável de interesse é o instante t tal que:

$$26.540(1+0{,}6\%)^t = 900 + 900(1+0{,}6\%) + \cdots + 900(1+0{,}6\%)^{t-1}$$
$$\Rightarrow 26.540(1+0{,}6\%)^t = 900\frac{(1+0{,}6\%)^t - 1}{0{,}6\%} \Rightarrow$$
$$(1{,}006)^t[\frac{900}{0{,}6\%} - 26{,}540] = \frac{900}{0{,}6\%} \Leftrightarrow$$
$$(1{,}006)^t = 1{,}21 \Leftrightarrow$$
$$t = \frac{ln(1{,}21)}{ln(1{,}006)} \approx 32{,}55$$

Portanto, em 33 meses será possível comprar o veículo.

Índice Acumulado

Segundo o IBGE, o INPC calculado nos sete primeiros meses do ano de 2010 foram os seguintes:

Mês	Taxa de inflação (%)
Jan 10	0,88
Fev 10	0,70
Mar 10	0,71
Abr 10	0,73
Mai 10	0,43
Jun 10	-0,11
Jul 10	-0,07

A) Qual foi o índice acumulado nos primeiros sete meses do ano de 2010?

B) Se a partir de janeiro de 2010, o governo resolvesse voltar com o **GATILHO SALARIAL** a um nível de 1,0%, isto é, toda vez que o índice de inflação acumulada ultrapassasse a casa dos 1,0%, o assalariado teria o seu salário reajustado automaticamente em 1,0%. Sendo assim quais seriam os meses que isso aconteceria e qual seria a perda do salário logo após julho de 2010?

C) Qual o índice de reposição necessário para uma recomposição da perda?

Solução de Índice Acumulado)

	B	C	D	E	F	G	H	I	J
3									
4		=(1+C8)*(1+D7)-1		=(1+C9)*(1+H8)-1		=(1+E9)/(1+F9)-1			
5									
6	Mês	Inflação	Acumulado	Acumulado + Resíduos	Reajuste (GATILHO)	Reajuste Acumulado	Resíduo	Perda	
7	jan/10	0,88%	0,88%	0,88%	0,00%	0,00%	0,88%	0,87%	
8	fev/10	0,70%	1,59%	1,59%	1,00%	1,00%	0,58%	0,58%	
9	mar/10	0,71%	2,31%	1,29%	1,00%	2,01%	0,29%	0,29%	
10	abr/10	0,73%	3,05%	1,02%	1,00%	3,03%	0,02%	0,02%	
11	mai/10	0,43%	3,50%	0,45%	0,00%	3,03%	0,45%	0,45%	
12	jun/10	-0,11%	3,38%	0,34%	0,00%	3,03%	0,34%	0,34%	
13	jul/10	-0,07%	3,31%	0,27%	0,00%	3,03%	0,27%	0,27%	
14									
15	LETRA A	3,31%		=SE(E10>=1%;1%;0%)			=1(1+F11)/(1+E11)		
16									
17	LETRA B	fev/10	mar/10	abr/10		0,27%			
18									
19	LETRA C	0,27%							

=(1+C8)*(1+D7)-1

=(1+C9)*(1+H8)-1

=(1+E9)/(1+F9)-1

=SE(E10>=1%;1%;0%)

=1(1+F11)/(1+E11)

Cheque Especial

Um indivíduo abriu em um banco uma conta especial que lhe permite sacar cheques a descoberto até um certo limite. O banco cobra uma taxa de 12% a.m. sobre o saldo devedor do cliente. Admitamos que tal conta no início do mês tinha um saldo de R$ 200,00 e que durante o mês teve o seguinte movimento de sua conta:

DATA	OPERAÇÃO	VALOR
01/08	cheque	600,00
06/08	depósito	500,00
11/08	cheque	600,00
21/08	depósito	500,00
26/08	cheque	1.000,00

Então, qual o total de juros devidos ao banco no mês de setembro se:

Você sabia?

Uma outra forma de resolver esta questão é fazendo o somatório dos produtos entre dias e saldo, e multiplicando este valor pela taxa praticada. A expressão no Excel fica:

```
=(15%/30)*(400*5 + 500*10
+ 1000*6)
```

A) O regime for de juros simples?

B) O regime for de juros compostos?

C) E se fosse cobrada a CPMF com alíquota de 0,38% sobre cada movimentação financeira, então qual seria o saldo do cliente no início de setembro?

Solução de A)

Saldo inicial = R$ 200

=ABS(G10*F10*0,4%)

=ABS(G6*F6*0,4%

LETRA A

Fazendo uma tabela com as movimentações e suas respectivas datas

DATA	OPERAÇÃO	VALOR	Diferença Dias	Saldo Atualizado	Juros
01/ago	cheque	-600,00	0	200,00	
06/ago	depósito	500,00	5	-400,00	8,00
11/ago	cheque	-600,00	5	100,00	
21/ago	depósito	500,00	10	-500,00	20,00
26/ago	cheque	-1.000,00	5	-	
31/ago			5	-1.000,00	20,00

Para contabilizar o total de juros cobrados precisaremos apenas analisar os dias em que o saldo é negativo, já que nos dias e, que o saldo é positivo não há cobranças

Temos que

:= Capital x taxa x tempo

Portanto

∑ Juros = R$8,00 + R$20,00 + R$20,00 = **R$48,00**

Solução de B)

=ABS(G23*(1+0,4%
)^(F23)-G23)

=ABS(G27*(1+0,4%)^(F27)-G27

LETRA B

DATA	OPERAÇÃO	VALOR	Diferença Dias	Saldo Atualizado	Juros
01/ago	cheque	-600,00	0	200,00	
06/ago	depósito	500,00	5	-400,00	8,05
11/ago	cheque	-600,00	5	100,00	
21/ago	depósito	500,00	10	-500,00	20,36
26/ago	cheque	-1.000,00	5	-	
31/ago			5	-1.000,00	20,16

Para contabilizar o total de juros cobrados precisaremos apenas analisar os dias em que o saldo é negativo, já que nos dias e, que o saldo é positivo não há cobranças

Temos que

Por Juros Compostos

Juros = Capital*(1+taxa)^(tempo)

Portanto

∑ Juros = R$8,06 + R$20,36 + R$20,16 = **R$48,59**

Solução de C)

	B	C	D	E	F	G	H
38						=ABS(E45*0,38%)	=ABS(E42*0,38%)
39	LETRA C						
40		DATA	OPERAÇÃO	VALOR	Diferença Dias	Saldo Atualizado	Juros
41		01/ago	cheque	-600,00	0	200,00	2,28
42		06/ago	depósito	500,00	5	-400,00	1,90
43		11/ago	cheque	-600,00	5	100,00	2,28
44		21/ago	depósito	500,00	10	-500,00	1,90
45		26/ago	cheque	-1.000,00	5	-	3,80
46		31/ago			5	-1.000,00	-
47						TOTAL	12,16
48							
49						CPMF=	0,38%
50	Logo, para o caso A terá um saldo de: - 1000,00 - 12,16 - 48,00 = -1.012,16						
51	Já para o caso B terá um saldo de: - 1000,00 -12,16 - 48,59 = -1.060,75						

■ Descontos em Vendas

Uma certa loja oferece aos seus clientes, em uma venda de R$400,00, 3 formas de pagamentos:
Plano A) À vista com 10,0% de desconto do valor da compra;
Plano B) Uma entrada de R$100,00 e duas parcelas iguais (30/60) de R$150,00;
Plano C) Em 30 dias sem juros e sem acréscimo (cartão de crédito).

Então:

A) A uma taxa financeira de 8,0% a.m. em média, qual dos três planos é mais vantajoso?

B) Determine qual é a faixa de juros onde cada plano é mais vantajoso.

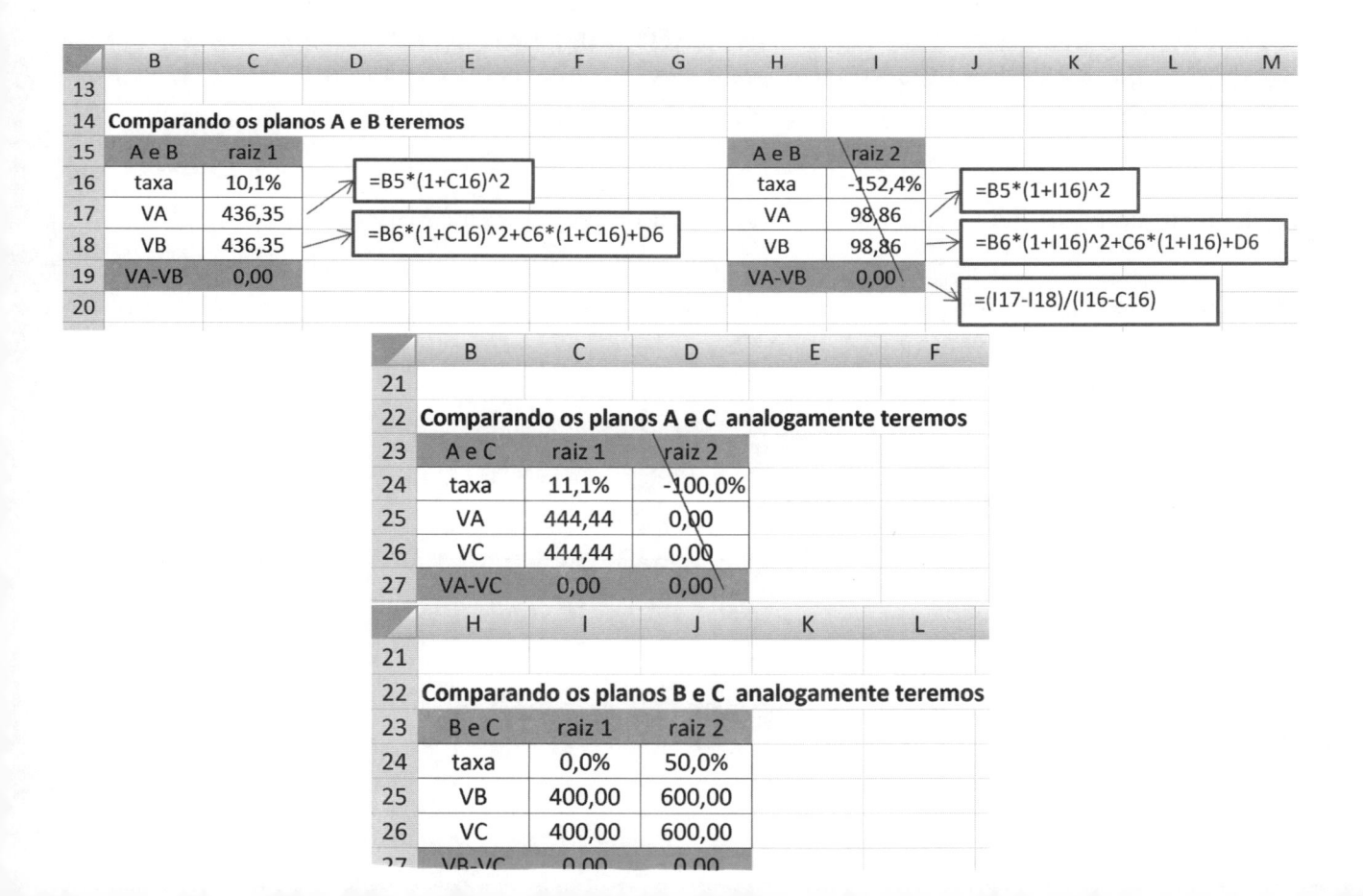

Solução de A)

	A	B	C	D	E	F–I
1						
2		V	400			
3						
4		0	30	60	Total	
5		360,00			419,90	=B5*(1+8%)^2
6		100,00	150,00	150,00	428,64	=B6*(1+8%)^2+C6*(1+8%)+D6
7			400,00		432,00	=C7*(1+8%)
8						
9		taxa	8%			
10		VA	419,90	VA < VB < VC, então A é mais vantajoso		
11		VB	428,64			
12		VC	432,00			

Solução de B)

	B	C	D–G	H	I	J–M
13						
14	**Comparando os planos A e B teremos**					
15	A e B	raiz 1		A e B	raiz 2	
16	taxa	10,1%		taxa	-152,4%	
17	VA	436,35	=B5*(1+C16)^2	VA	98,86	=B5*(1+I16)^2
18	VB	436,35	=B6*(1+C16)^2+C6*(1+C16)+D6	VB	98,86	=B6*(1+I16)^2+C6*(1+I16)+D6
19	VA-VB	0,00		VA-VB	0,00	=(I17-I18)/(I16-C16)
20						

	B	C	D	E	F
21					
22	**Comparando os planos A e C analogamente teremos**				
23	A e C	raiz 1	raiz 2		
24	taxa	11,1%	-100,0%		
25	VA	444,44	0,00		
26	VC	444,44	0,00		
27	VA-VC	0,00	0,00		

	H	I	J	K	L
21					
22	**Comparando os planos B e C analogamente teremos**				
23	B e C	raiz 1	raiz 2		
24	taxa	0,0%	50,0%		
25	VB	400,00	600,00		
26	VC	400,00	600,00		
27	VB-VC	0,00	0,00		

Agora que temos onde cada plano passa a ser mais vantajoso que o outro, montaremos então uma tabela comparativa de planos mediante a porcentagem.

Comparando os planos A, B e C teremos:

	0 - 10,1%	10,1%-11,1%	11,1%-50,0%	>50%
A e B	A<B	B<A	B<A	B<A
B e C	B<C	B<C	B<C	C<B
A e C	A<C	A<C	C<A	C<A
	A<B<C	**B<A<C**	**B<C<A**	**C<B<A**
	A	**B**	**B**	**C**

Um indivíduo que tem uma média mensal de conversação em seu celular de 200 minutos fez a adesão em uma companhia de telefonia celular do plano "50 JÁ" que consiste em pagar R$ 50,00 adiantados e obter ainda os seguintes benefícios:

A) Até o 50º minuto de conversação, o serviço é gratuito. A partir do 51º minuto, o preço é de R$0,46/minuto;

B) O excedente dos 50 minutos deverá ser pago daqui a 60 dias descontando-se os R$50,00 já pagos.

No plano Standard da mesma empresa, o cliente paga todo minuto de conversação a uma tarifa de R$ 0,37/minuto e o total falado deverá ser pago daqui a 30 dias.

Então:

A) Determine para que taxa financeira cada plano é mais vantajoso: 50 JÁ x STANDARD;

B) A uma taxa financeira de 25,0% a.m., determine para que tempo de conversação o plano "50 JÁ" é sempre mais vantajoso.

Resoluções

Solução de A)

	C	D	E	F	G	H
2						
3		**Tempo**	200,00			
4						
5						
6			**0**	**30**	**60**	
7		**50 JÁ**	50,00		19,00	
8		**Standard**		74,00		
9						

=(E3-50)*0,46-50 (G7)

	C	D	E	F	G	H	I	J	K
9									
10				raiz 1				raiz 2	
11		**Equação 50 JÁ**		85,05	=E7*(1+F13)^2+G7			24,47	
12		**Equação Standard**		85,05				24,47	
13		**50 JÁ - Standard**		0,00	=F8*(1+F13)			0,00	
14		**TAXA**		14,94%				-66,94%	
15									

Até 14,94%	**Mais que 14,94%**
50 JÁ	Standard

Solução de B)

	0	**30**	**60**
50 Já	50,00		870,00
Standard		758,50	

	D	E	F	G	H	I	J
22							
23	**Equação 50 JÁ**		948,13	=E24*(1+25%)^2+(F23-50)*0,46-50			
24	**Equação Standard**		948,13				
25	**50 JÁ - Standard**		0,00	=F23*0,37*(1+25%)			
26	**tempo**		2.050,00				
27							
28	**A partir de 2050 minutos o plano 50 JÁ é sempre mais vantajoso**						

4.8 Exercícios

Planos de Pagamentos

Uma loja resolveu fazer uma liquidação para vender seus televisores, então, para atrair os seus clientes, ofereceu 1000 TVs do mesmo tipo a um preço unitário de R$ 1.300,00 e facilitado nas seguintes formas de pagamentos:

A) Pagamento à vista com 10,0% de desconto;

B) Em 3 parcelas sem acréscimo, sendo uma entrada no valor de 30%, e outras duas com vencimento em 30/60 com valor de 30% e 40% respectivamente;

C) Pagamento em 30 dias pelo preço de tabela e sem desconto.

A) Encontre as taxas financeiras onde cada plano de pagamento é mais vantajoso a uma taxa bancária de 10,0% a.m.

B) Qual deveria ser o desconto que deverei pedir para que comprar à vista seja sempre mais vantajoso que o plano B?

Poupança e Carro com Valor Reajustado

Um certo carro custa R$ 29.590,00. Supondo que este carro será reajustado anualmente a uma taxa de 1,5% a.a. e que a poupança renderá mensalmente 1% nos próximos 30 meses, então:

A) Quanto deverei depositar mensalmente na poupança para que eu consiga comprar esse carro daqui a 30 meses? (O primeiro depósito daqui a 30 dias)

B) Se esse auto fosse reajustado pela taxa de poupança anual acumulada e eu depositasse mensalmente a quantia de R$ 1.500,00, em quanto tempo eu conseguiria comprar tal veículo?

■ Consórcio e Salário

Suponha que uma certa pessoa deseje entrar para um grupo de 50 meses para poder comprar esse carro do item anterior.

A) Se esta pessoa recebe hoje um salário de R$ 1.500,00, o qual deverá ser reajustado anualmente em 5%, então qual deverá ser o índice máximo de reajuste anual do carro, de maneira que esta pessoa não desista de pagar o tal consórcio. Obs: Parcela do Consórcio = (Valor do Carro)/50

B) Suponha agora que seja estabelecida uma cota máxima de 50% do salário para pagar esse consórcio e que os reajustes sejam feitos daqui a doze meses. Qual será o novo índice máximo de reajuste?

■ Carro Flex

Um indivíduo adquiriu um automóvel Flex e percorre mensalmente em média a distância de 2000 Km. Quando ele abastece com álcool e com gasolina, ele tem um consumo médio de 8,0Km/l e 10Km/l, respectivamente. O gasto mensal num determinado posto deve ser pago à vista se ele utiliza somente álcool, e pode ser pago em duas parcelas iguais (30/60) se ele utilizar somente gasolina.

A) Determine o desconto que este posto deve fazer no litro da gasolina, de tal maneira que a uma taxa financeira de 10,0% a.m., seja equivalente utilizar álcool ou gasolina; (Suponhamos que o preço por litro da gasolina seja R$ 2,50 e do álcool R$ 1,50)

B) Determine para que faixa de taxa financeira seja mais vantajoso utilizar álcool e utilizar gasolina.

Plano de Celular

Um indivíduo que tem um gasto médio mensal de conversação em seu celular de 300 minutos resolveu fazer a adesão em uma companhia de telefonia celular com o plano A, que consiste em pagar R$ 100,00 no momento da adesão e obter ainda os seguintes benefícios:

I) Até o 100º minuto de conversação, o serviço é gratuito. A partir do 101º minuto, o preço é de R$0,58/minuto;

II) O excedente dos 100 minutos gastos deverá ser pago daqui a 60 dias descontando-se os R$100,00 que já foram pagos.

No plano B, o cliente paga pelo minuto de conversação uma tarifa de R$ 0,40/minuto, e o total gasto deverá ser pago daqui a 30 dias.

A) Determine a máxima tarifa que a operadora pode cobrar para o plano A, de tal maneira que, a uma taxa financeira de 8,0% a.m., esse plano seja mais vantajoso para o cliente;

B) Determine para que taxa financeira cada plano é mais vantajoso.

Liquidação de Televisores

Uma loja resolve fazer uma liquidação de televisores, então, para atrair os seus clientes, oferece 1000 TVs a um preço unitário de R$ 400,00 e facilitado nas seguintes formas de pagamentos:

A) Pagamento à vista com 8,0% de desconto;

B) Em 2 parcelas iguais sem acréscimo, sendo o valor de R$100,00 de entrada;

C) Pagamento em 30 dias pelo preço de tabela e sem desconto.

A) Encontre as taxas financeiras onde cada plano de pagamento é mais vantajoso;

B) A uma taxa financeira de 5,0% a.m., qual deverá ser o desconto que deverá pedir para que comprar à vista seja sempre mais vantajoso que comprar a TV em 3 parcelas iguais, sendo uma delas a entrada.

■ IPVA - Qual a Melhor Maneira de Pagar?

Dado certo IPVA:

GOVERNO DO ESTADO DE SÃO PAULO
Secretaria de Estado dos Negócios da Fazenda
Coordenadoria da Administração Tributária - CAT

IPVA 2005

FAC
7282003500-DR/SPM
FENASEG
CORREIOS

1604027850

AVISO DE VENCIMENTO

RENAVAM: [redacted]

Marca / Modelo	Placa Atual	Município
GM/CELTA		244/6 - CAMPINAS
Ano de Fabricação	**Combustível**	**Espécie / Tipo**
2001	GASOLINA	PASSAGEIRO/AUTOMOVEL

IPVA 2005

Pagamento à Vista	Data de Vencimento	Valor do Imposto (R$)	Pagamento Parcelado	Data de Vencimento	Valor do Imposto (R$)
Com Desconto	17/01/2005	546,61	1ª Parcela	17/01/2005	188,81
Sem Desconto	17/02/2005	566,44	2ª Parcela	17/02/2005	188,81
			3ª Parcela	17/03/2005	188,81

A) Calcule o desconto para o pagamento à vista;

B) Supondo que a taxa de rentabilidade é de 3,0% a.m., então qual é a melhor maneira de pagar;

C) Encontre as faixas de rentabilidade em que cada plano é mais vantajoso.

5

Sistemas de Amortização

Sistemas de amortização são formas de se realizar o pagamento de uma dívida. A amortização é um processo de abatimento de uma dívida através de pagamentos periódicos. Esses pagamentos são realizados em função de um planejamento, de modo que cada prestação se destina a reembolsar parte do capital emprestado e/ou pagar os juros da dívida. O *juro* é uma espécie de aluguel do dinheiro e deve ser sempre contabilizado sobre o valor do saldo devedor.

Em outras palavras, o pagamento de uma prestação pode ser entendido como o pagamento composto entre o ônus do empréstimo (juros) e sua efetiva quitação (amortização).

PRESTAÇÃO = JUROS + AMORTIZAÇÃO

Todo sistema pode ser utilizado segundo duas modalidades, **Pré-Fixada** ou **Pós-Fixada**.

Sistema Pré-fixado

Um sistema de amortização é pré-fixado quando a taxa de juros do financiamento já é conhecida no momento em que é feito o financiamento. Neste caso, sabe-se o que se deve pagar durante todo o período, independente do que houver na Economia. Geralmente é utilizado em financiamentos de curto e médio prazo.

Sistema Pós-fixado

Por outro lado, um financiamento é pós-fixado quando a sua parcela só será conhecida no futuro. Tal sistema além de empregar os juros fixos contratuais do financiamento, acrescenta uma segunda compensação através da correção do **Saldo Devedor** (quanto se deve no momento), que pode ser feita por um indicador de correção monetária, como TR ou qualquer outro índice de correção do valor do dinheiro.

Em geral é empregada em financiamentos de longo prazo, sendo que esta segunda correção surge mediante a desvalorização do capital em períodos longos, logo o tomador do financiamento, além de capitalizar os juros contratuais de empréstimo, arca com essa correção a fim da instituição financeira não sofrer perda devido a desvalorização dos valores, por isso essa taxa se baseia em algum indicador de correção.

O sistema pós-fixado pode causar um certo receio ao tomador do financiamento caso seus rendimentos não sejam também atualizados, pois as parcelas não serão mais fixas, tornando-se crescentes. Como exemplo, temos o financiamento da casa própria feito pelo SFH (Sistema Financeiro de Habitação), em que o sistema é sempre o pós-fixado, isso devido ao prazo muito longo de duração. Por exemplo, na modalidade Carta de Crédito Caixa FGTS, dependendo da renda do indivíduo, a taxa pode variar de 8,9% + TR até 11,0% + TR.

Os sistemas de financiamentos

O consumidor na fase de contratação de um financiamento se depara com várias modalidades de sistemas de amortizações, que definem a maneira como serão feitos os pagamentos das parcelas. Cada parcela é composta de duas subparcelas: **amortização**, que consiste na devolução do empréstimo, e os **juros**, que incidem sobre o **Saldo Devedor**. O sistema mais comumente encontrado no mercado é aquele em que as parcelas são fixas e iguais, mais conhecido por **Sistema Francês** ou **Tabela Price**, e o **Sistema SAC** - Sistema de Amortizações Constantes -, em que as parcelas são constantes e o valor amortizado é sempre o mesmo. Atualmente, no financiamento imobiliário, o sistema mais utilizado é o SAC, e se houver correção monetária, o índice adotado é a TR.

Neste capítulo, vamos estudar outros sistemas como o **SAM** - Sistema Misto, o **SAG** - Sistema de Amortização Geométrica e o **Sistema Alemão**.

5.1 Tabela Price - Sistema Francês

Analise o problema. Se uma instituição financeira conceder um empréstimo no valor de R$ 20.100,00, para ser pago em 12 parcelas iguais, sendo o pagamento a ser feito mensalmente com o vencimento da 1ª parcela em 30 dias e juros de 2,90% a.m.:

(a) Qual seria o valor da parcela a ser paga mensalmente?

(b) Quais seriam os valores discriminados de juros e amortização que compõem cada parcela?

■ Prestações Iguais

Deve-se pagar o valor de R$ 20.100,00, remunerando a instituição financeira a uma taxa de 2,90% a.m., no prazo de 12 meses. Não existe nenhuma obrigatoriedade sobre os valores que as parcelas devem assumir, a não ser por acordo estabelecido entre quem empresta e quem toma emprestado. Entretanto, uma prática simplificadora e amplamente adotada no mercado é a de usar um valor constante de parcela. Essa forma de quitar um empréstimo é uma modalidade de financiamento denominada **Sistema Price**. O financiamento nesse sistema é pago em prestações iguais, que são a união de duas partes:

- **Juros do Período:** São calculados sobre o saldo da dívida no início do período.
- **Amortização no Principal:** Correspondente à parte da prestação que é destinada ao pagamento do principal, ou seja, a parte da parcela que pagará realmente a dívida.

Dessa maneira, percebe-se de forma intuitiva que, ao longo do tempo, os juros vão diminuir ao passo que as amortizações vão crescendo, de modo que a soma deles se manterá constante e igual ao valor fixo da prestação. Sendo assim, o próximo passo é determinar qual o valor desta parcela em que, efetuando esses 12 pagamentos mensais, isso seja equivalente ao pagamento integral do montante da dívida. Para isso, vamos transferir todos os valores para a data focal da última parcela, então teríamos:

$$
\begin{aligned}
20.100 \cdot (1+0{,}029)^{12} &= P \cdot (1+0{,}029)^{11} + P \cdot (1+0{,}029)^{10} + \cdots + P \\
28.325{,}69 &= P\left[(1+0{,}029)^{11} + (1+0{,}029)^{10} + \cdots + 1\right]. \\
&\cdots \\
P &= \frac{28.325{,}69}{(1+0{,}029)^{11} + (1+0{,}029)^{10} + \cdots + 1} \\
P &= 2.007{,}51.
\end{aligned}
$$

Usando o valor de P, podemos construir uma tabela de valores decompostos das prestações denominada **Tabela Price**. O raciocínio apresentado para calcular P, para este caso particular, pode ser generalizado de forma a obter a expressão geral de cálculo de parcelas no sistema Price:

$$P = \frac{V \cdot i \cdot (1+i)^n}{(1+i)^n - 1},$$

onde V é o valor do principal, i a taxa do período e n número de períodos.

Usando a Planilha Eletrônica. Para este mesmo caso, no Excel há um comando específico no campo das fórmulas, o `PGTO`:
Para utilizá-lo basta seguir os passos abaixo:

1º Faça uma pequena tabela com os valores do Principal, Taxa de Juros e Número de Prestações e uma célula vazia para o valor das parcelas.
Não esqueça de colocar o sinal de igual antes de atribuir os valores (caso contrário, o Excel não fará a conta)

Principal	20.100,00
Taxa de Juros	2,90%
Nº de Prestações	12
Parcela	

2º Clique sobre a célula vazia

Principal	20.100,00
Taxa de Juros	2,90%
Nº de Prestações	12
Parcela	

3º Clique em `Inserir Função`

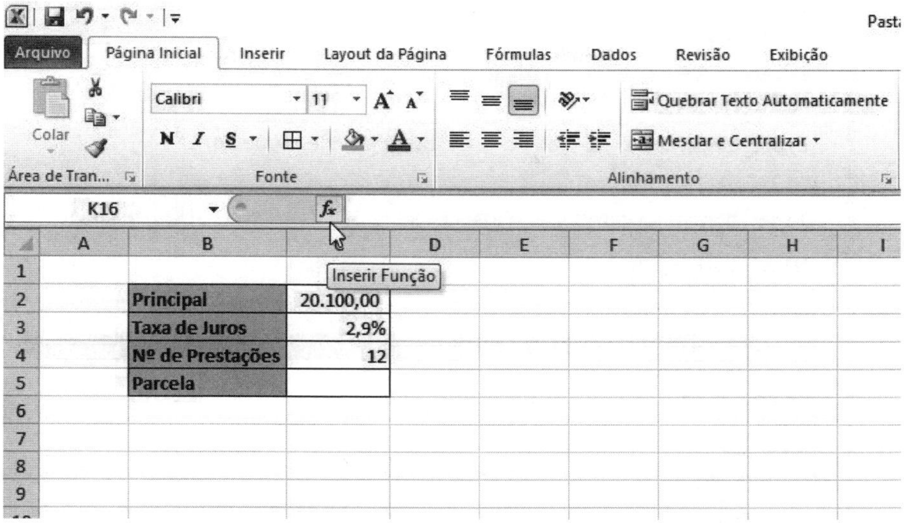

Agora clique em `Selecione uma Categoria` → `Financeira`

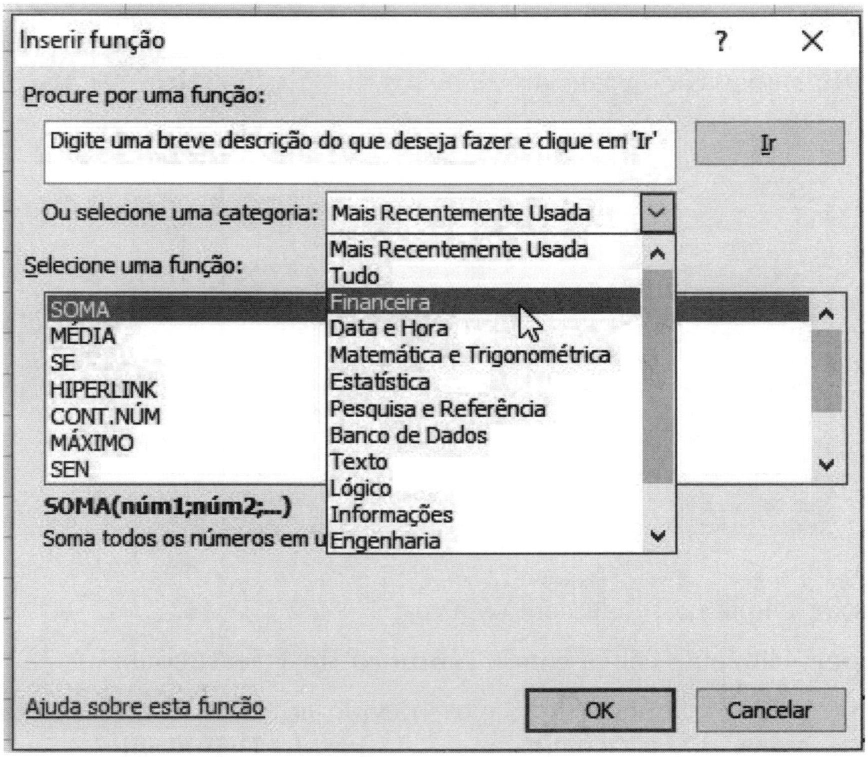

Na lista de funções, selecione `PGTO`

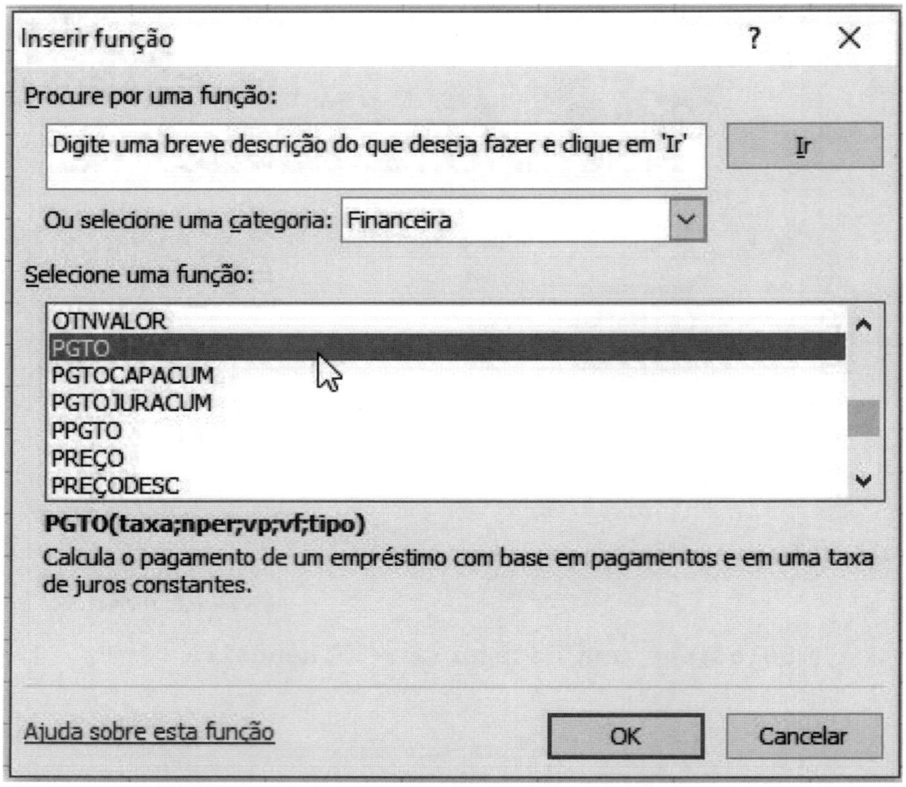

Pressione **OK** e aparecerá a janela:

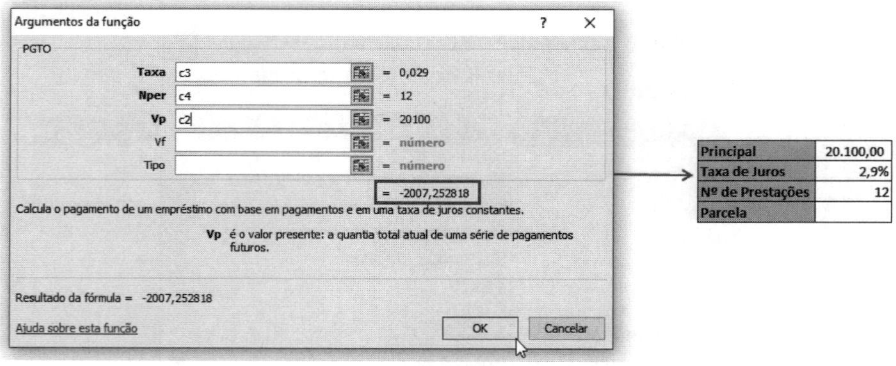

4º
- Em **taxa**, clique na célula com os juros;
- Em **nper**, clique na célula com o **Número de Prestações**;
- Em **vp** coloque um sinal de menos (devido ao método da resolução de equação no Excel) e depois clique na célula com o **Valor do Principal**;
- Para os campos **vf** e **tipo** deixe vazio e clique em **OK**.

* Pode-se fazer sem a tabela auxiliar apenas colocando os valores dentro dessas áreas.

E então teremos nesta célula o mesmo valor de 2.007,51

Obs.:
TAXA: descreve a taxa i do financiamento.
NPER: determina o número n de parcelas.
VP: define o valor do principal P.
VF: define o valor final da série de pagamentos. Esse parâmetro não é obrigatório, pois admite-se amortização completa quando ele não é preenchido.
TIPO: serve para descrever se a série de pagamentos exige uma entrada (tipo 1) ou se o primeiro pagamento é realizado apenas ao final do primeiro período (tipo 0). Esse parâmetro não é obrigatório, pois admite o tipo 0 como valor padrão, quando não é preenchido.

■ Sobre o valor de Amortização

A partir da relação principal **parcela = juros + amortização**, podemos escrever que:

$$P = J_1 + A_1 = J_2 + A_2 = \cdots = J_n + A_n,$$

onde J_n e A_n correspondem respectivamente aos valores de juros pagos e amortizados na n-ésima parcela. Assim sendo podemos escrever

$$V_i + A_1 = (V - A_1)i + A_2 \Rightarrow A_2 = A_1(1 + i)$$

e por recorrência

$$\boxed{A_n = A_1(1 + i)^{n-1}.}$$

Usando a Planilha Eletrônica. Para encontrarmos o resultado da letra b), que pede que descubramos mês a mês o valor associado aos juros e à amortização, teremos que fazer uma **Tabela Price** que é dada da seguinte forma:

1º Faça uma tabela onde no cabeçalho teremos **Número de Parcelas**, **Parcela**, **Juros**, **Amortização** e **Saldo Devedor**. Além disso, enumere os números de parcelas contando a partir do zero.

Nº de Parcelas	Parcela	Juros	Amortização	Saldo Devedor
0				
1				
2				
3				
4				
5				
6				
7				
8				
9				
10				
11				
12				

2° Na primeira linha preencha apenas o saldo devedor (No caso, R$20.100,00)

Nº de Parcelas	Parcela	Juros	Amortização	Saldo Devedor
0				20.100,00
1				
2				
3				
4				

3° Na segunda linha (mês 1) preencha a Parcela com a função `PGTO` (como foi ensinado anteriormente) colocando os valores dentro da funçao e arraste-a até o mês 12.
* Caso você opte por fazer a tabela auxiliar, lembre-se de colocar o cifrão ($) entre as células para manter a posição dentro da tabela [Ex: B6 = $B$6]

=PGTO(2,9%;12;-20100)

Nº de Parcelas	Parcela	Juros	Amortização	Saldo Devedor
0				20.100,00
1	2.007,25			
2				
3				

4° Sabemos que os juros decorrem do saldo devedor, então, ainda na segunda linha, clique na célula respectiva aos **Juros** e coloque: `=Saldo Devedor*$ Taxa $`; na célula respectiva à **Amortização** coloque: `=Parcela - Juros`; e na célula respectiva ao **Saldo Devedor** coloque: `=Saldo Devedor Mês 0 - Amortização Mês 1`. Lembre-se que deve-se colocar as células em que estão os elementos das fórmulas e não seus respectivos nomes e que a **Taxa de Juros** precisa estar entre cifrões.

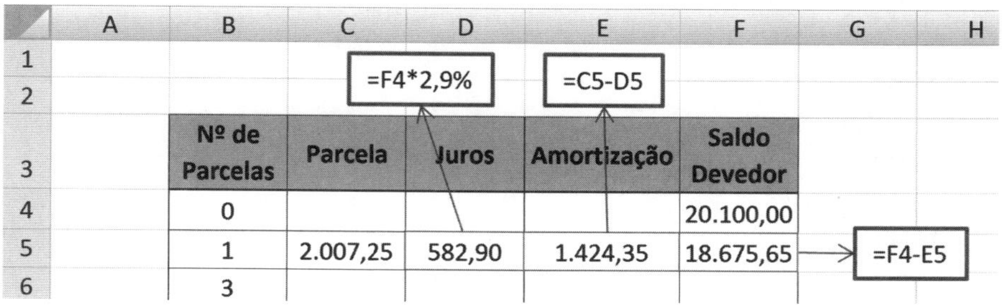

5º Arraste todas as fórmulas até o final da tabela e estarão prontos todos os **Juros** e **Amortizações**.

Nº de Parcelas	Parcela	Juros	Amortização	Saldo Devedor
0				20.100,00
1	2.007,25	582,90	1.424,35	18.675,65
2	2.007,25	541,59	1.465,66	17.209,99
3	2.007,25	499,09	1.508,16	15.701,82
4	2.007,25	455,35	1.551,90	14.149,93
5	2.007,25	410,35	1.596,90	12.553,02
6	2.007,25	364,04	1.643,22	10.909,80
7	2.007,25	316,38	1.690,87	9.218,94
8	2.007,25	267,35	1.739,90	7.479,03
9	2.007,25	216,89	1.790,36	5.688,67
10	2.007,25	164,97	1.842,28	3.846,39
11	2.007,25	111,55	1.895,71	1.950,68
12	2.007,25	56,57	1.950,68	-

■ Price Pós-fixado

No sistema **price pós-fixado** existe uma correção de valores à medida que o financiamento é pago, essa correção é uma medida de prevenir perdas pela degradação natural do valor do dinheiro no tempo. Neste sistema o valor é corrigido mensalmente pela TR e o juros incorporado é calculado sobre este valor corrigido. Assim sendo, para que as parcelas amortizem é necessário atualizá-las de forma a incorporar a correção monetária.

Geralmente ocorre em financiamentos de longo prazo, mas, a fim de entendermos melhor, utilizaremos esta mesma situação com doze parcelas iguais, um valor de R$ 20.100,00 a uma taxa de 2,9% e com um índice de correção monetária r = 1% a.m.

Usando a Planilha Eletrônica. Para isto, faremos uma tabela com mais elementos, na ordem:
N = n^o de parcelas;
P = parcela a ser paga;
J = juros a serem pagos;
A = valor da amortização;
S = Saldo Devedor;
SC = Saldo Devedor Corrigido;
r = índice de correção monetária.
E utilizar os dados de período e r, dados acima.

Nº de Parcelas	Parcela	Juros	Amortização	Saldo Devedor	Saldo Corrigido	r
0				20.100,00		1%
1						1%
2						1%
3						1%
4						1%
5						1%
6						1%
7						1%
8						1%
9						1%
10						1%
11						1%
12						1%

Veja que todos os dados em r são iguais a 1%, mas não necessariamente seriam iguais, já que este saldo é corrigido mês a mês, logo cada mês poderia receber um valor diferente.

O saldo corrigido incide desde o começo da operação, logo, desde a primeira linha iremos corrigi-lo pela r, ou seja `SC = S*(1+r)` e assim valerá para todos os saldos corrigidos.

=F5*(1+H5) (G5)

	A	B	C	D	E	F	G	H
1								
2								
3								
4		Nº de Parcelas	Parcela	Juros	Amortização	Saldo Devedor	Saldo Corrigido	r
5		0				20.100,00	20.301,00	1%
6		1						1%
7		2						1%
8		3						1%
9		4						1%
10		5						1%
11		6						1%
12		7						1%
13		8						1%
14		9						1%
15		10						1%
16		11						1%
17		12						1%

Para as parcelas faremos como no sistema **price-pré** mas corrigindo-as, ou seja, na segunda linha (mês do primeiro pagamento) faremos um `PGTO` com r:

`PGTO(i;N;-S)*(1+r)` com i = taxa de juros.

*Apenas para o primeiro mês (segunda linha).

Já os juros neste sistema incide sobre o saldo corrigido, ou seja, para qualquer mês `J=i*SC`, então teremos:

=PGTO(2,9%;12;-F5)*(1+H5) (C6)   =G5*2,9% (D6)

	A	B	C	D	E	F	G	H
1								
2								
3								
4		Nº de Parcelas	Parcela	Juros	Amortização	Saldo Devedor	Saldo Corrigido	r
5		0				20.100,00	20.301,00	1%
6		1	2.027,33	588,73				1%
7		2						1%

*Não se esqueça de "arrastar" a fórmula dos juros.

A amortização, assim como no price-pré se dá pela fórmula `A=P-J`, pois sempre se deve ao abatimento mês a mês, assim valerá para todos os meses. Já o **Saldo Devedor** no price-pós há uma diferença com relação ao price-pré, pois seu valor dependerá agora do saldo corrigido do mês anterior, ou seja, $S_k = SC_{k-1} - A_k$

=C6-D6 (Amortização)

=G5-E6 (Saldo Devedor)

	A	B	C	D	E	F	G	H
1								
2								
3								
4		Nº de Parcelas	Parcela	Juros	Amortização	Saldo Devedor	Saldo Corrigido	r
5		0				20.100,00	20.301,00	1%
6		1	2.027,33	588,73	1.438,60	18.862,40		1%
7		2						1%

Por último, nos próximos meses as parcelas serão reajustadas mês a mês, ou seja, $P_k = P_{k-1} * (1 + TR_{k-1}$ e assim estará pronta a sua *Tabela de Price Pós-fixado*:

=C6*(1+H6) (Parcela)

	A	B	C	D	E	F	G	H
1								
2								
3								
4		Nº de Parcelas	Parcela	Juros	Amortização	Saldo Devedor	Saldo Corrigido	r
5		0				20.100,00	20.301,00	1%
6		1	2.027,33	588,73	1.438,60	18.862,40	19.051,03	1%
7		2	2047,6	552,48	1.495,12	17.555,91	17.731,47	1%
8		3	2068,07	514,21	1.553,86	16.177,61	16.339,38	1%
9		4	2088,76	473,84	1.614,91	14.724,47	14.871,71	1%
10		5	2109,64	431,28	1.678,36	13.193,35	13.325,28	1%
11		6	2130,74	386,43	1.744,31	11.580,98	11.696,79	1%
12		7	2152,05	339,21	1.812,84	9.883,95	9.982,79	1%
13		8	2173,57	289,50	1.884,07	8.098,72	8.179,71	1%
14		9	2195,3	237,21	1.958,09	6.221,62	6.283,83	1%
15		10	2217,26	182,23	2.035,02	4.248,81	4.291,30	1%
16		11	2239,43	124,45	2.114,98	2.176,32	2.198,08	1%
17		12	2261,82	63,74	2.198,08	0,00	0,00	1%

■ Price com alteração na data do pagamento da primeira parcela

Em muitos casos, o vencimento da 1ª parcela ocorre em um prazo maior do que o período, ou até mesmo menor, como no exemplo a seguir onde podemos citar o caso de ajustamento com o recebimento de salário, ou até mesmo campanhas do tipo "Primeira parcela só depois do Carnaval" entre outros.

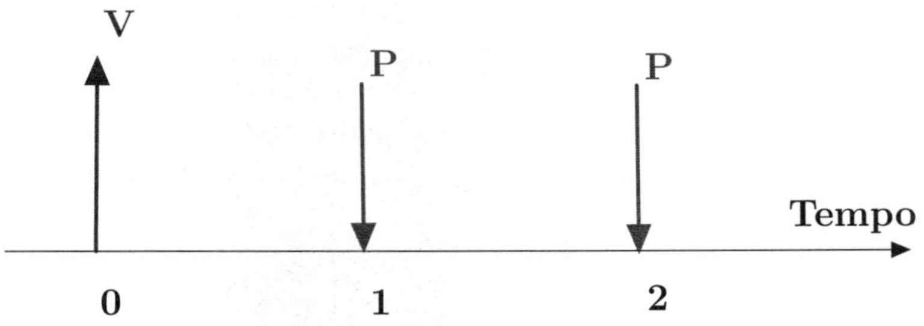

Fig. 1 - Pagamento para um período.

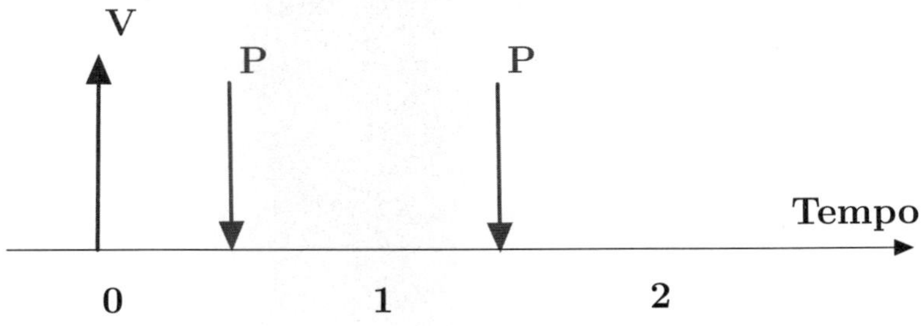

Fig. 2 - Pagamento para menos do que um período.

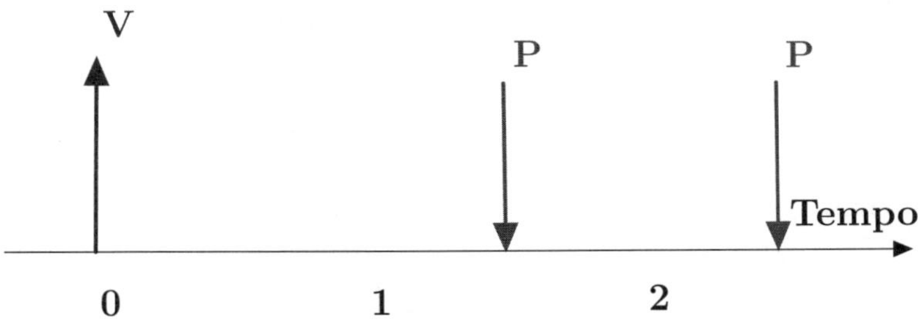

Fig. 3 - Pagamento para mais do que um período.

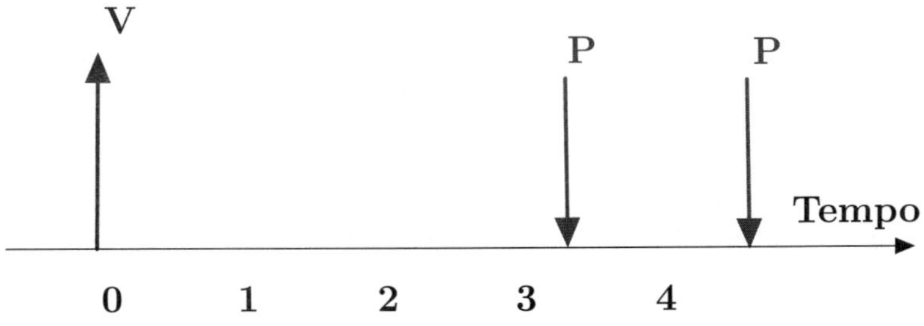

Fig. 4 - Primeiro pagamento para longo prazo.

Nestes casos, precisamos mudar a data base do financiamento, sendo assim, levamos o capital ao período desejado usando como referência a taxa de juros.

Analise o problema. Situação 1. Um indivíduo contrata um financia-mento no dia 26/01/2015 no valor de R$10.000,00 a uma taxa de juros de 2% a.m., em 24 meses.

Mas, a fim de ajustar a primeira parcela com a data do recebimento do seu salário, ele solicita que a primeira parcela ao invés de ser paga no dia 26/02/2015, seja em 15/03/2015, já que recebe todo dia 15. Qual será o valor da parcela?

Para isto, basta então "atualizar" o valor financiado de R$ 10.000,00 até a data desejada, no caso 15/02/2015 (nova data base no sistema), período de 19 dias (diferença de dias entre 26/01/2015 até 15/02/2015). Utilizando a fórmula de **valor futuro**:

$$V_f = V_o * (1 + i)^n$$

Neste caso, $V_f = 10.000 * (1 + 2\%)^{(19/30)}$=R$10.126,21 e a partir deste novo valor calculamos então a parcela que será P=535,38.

Uma outra maneira de se calcular a nova parcela, é de se atualizar em 19 dias o valor da parcela encontrado em 26/02/2015, ou seja, teremos:

$$P_{19/03/2015} = P_{26/02/2015} \cdot (1{,}02)^{(19/30)} = 535{,}38$$

Analise o problema. Uma concessionária está com uma promoção, "Compre hoje, pague somente depois da Páscoa". Qual será o valor da parcela? [Data da Páscoa: 22/04/2015]

Análogo ao item anterior, vamos calcular o Saldo Devedor em 22/03/2015, o qual será dado por $V_f = 10.000 * (1 + 2\%)^{(56/30)}$=R$10.376,57 e calculando então a parcela, chegamos que P= R$ 548, 62.

■ Quitação antecipada de um financiamento

Em vários casos, a quitação antecipada da dívida de um financiamento, com o objetivo de não pagar mais os juros de financiamento, ou de fazer um refinanciamento em virtude de juros mais baixos ou de alteração do prazo de financiamento, é feito com a antecipação das parcelas vincendas. Na maioria dos contratos, o não cumprimento das obrigações contratuais, principalmente em casos de inadimplência, é previsto por parte da instituição financeira o vencimento antecipado das parcelas vincendas.

Dependendo da modalidade contratada de financiamento, é possível fazer a quitação a qualquer instante, e para isso, basta efetuar o pagamento do saldo devedor existente, o qual consiste na soma das amortizações das parcelas ainda a serem pagas. Porém, nem sempre a data de quitação coincide com a do pagamento da parcela, sendo assim, devemos agregar os juros contratuais devidos ao saldo imediatamente anterior a data da quitação.

Analise o problema. **Sincronismo de datas:** dada a seguinte tabela de financiamento, qual o valor ainda devido em 15/08/2015?

	Parcela	Juros	Amortização	Saldo Devedor
15/3/2015				15.000,00
15/4/2015	1.552,26	525,00	1.027,26	13.972,74
15/5/2015	1.552,26	489,05	1.063,21	12.909,53
15/6/2015	1.552,26	451,83	1.100,43	11.809,10
15/7/2015	1.552,26	413,32	1.138,94	10.670,16
15/8/2015	1.552,26	373,46	1.178,80	9.491,36
15/9/2015	1.552,26	332,20	1.220,06	8.271,30
15/10/2015	1.552,26	289,50	1.262,76	7.008,53
15/11/2015	1.552,26	245,30	1.306,96	5.701,57
15/12/2015	1.552,26	199,55	1.352,70	4.348,87
15/1/2016	1.552,26	152,21	1.400,05	2.948,82
15/2/2016	1.552,26	103,21	1.449,05	1.499,77
15/3/2016	1.552,26	52,49	1.499,77	- 0,00

Para calcular tal valor, temos que pegar as parcelas e retirar os juros das mesmas, ou seja, encontraremos nosso valor por um dos seguintes métodos:

$$\sum_{i=6}^{12} P_i - J_i = \sum_{i=6}^{12} A_i = S_5 = R\$9.491{,}36$$

Analise o problema. **Sem sincronismo de datas:** dada a tabela de financiamento abaixo, e sabendo que irei quitar esse financiamento dia 25/02/2015, então qual o valor a ser pago ao banco?

	Parcela	Juros	Amortização	Saldo Devedor
15/7/2014				10.000,00
15/8/2014	1.113,27	200,00	913,27	9.086,73
15/9/2014	1.113,27	181,73	931,53	8.155,20
15/10/2014	1.113,27	163,10	950,16	7.205,04
15/11/2014	1.113,27	144,10	969,16	6.235,88
15/12/2014	1.113,27	124,72	988,55	5.247,33
15/1/2015	1.113,27	104,95	1.008,32	4.239,01
15/2/2015	1.113,27	84,78	1.028,49	3.210,53
15/3/2015	1.113,27	64,21	1.049,05	2.161,47
15/4/2015	1.113,27	43,23	1.070,04	1.091,44
16/4/2015	1.113,27	21,83	1.091,44	- 0,00

Para isso, devemos verificar qual é o saldo devedor existente após o pagamento da última parcela antes da quitação. Nesse caso, temos que em 15/02/2015 o saldo devedor existente é de R$3.210,53, e como a quitação deverá ocorrer no dia 25/02/2015, basta adicionar 10 dias de juros do financiamento ao valor do saldo devedor, sendo assim :

Saldo Devedor em 15/02/2015 (SD)	Juros	Saldo Devedor em 25/02/2015
3.210,53	21,26	3.231,79

SD*(1+2%)^(10/30)-SD

■ Antecipação do pagamentos de parcelas vincendas durante um financiamento

Durante um financiamento, em algumas situações pode-se antecipar o pagamento de algumas parcelas vincendas e com isso, encerrar o financiamento antes do prazo estipulado.

Mas por trás dessa quitação existem várias coisas nebulosas nos cálculos efetuados pelas instituições financeiras, ou seja, qual é o valor correto a ser pago? Algumas dúvidas surgem após esta operação, tais como:

a) A metodologia de cálculo se resume em simplesmente multiplicar o número de parcelas antecipadas pelo valor da parcela?

b) Com a antecipação de n parcelas, então, o prazo de financiamento se reduz em n períodos?

c) Com a antecipação das parcelas, haverá uma modificação nos valores das parcelas vincendas?

Para responder a esses três quesitos, vamos supor, por exemplo, um financiamento no valor de R$20.000,00, pelo sistema **Price**, no período de 24 meses, com uma taxa de juros de 2% a.m., e que a nossa intenção é de antecipar 06 parcelas.

Para exemplificar, suponhamos que a antecipação possa ocorrer em dois períodos diferentes: 6 e 12 meses após o início dos pagamentos.

Dado o financiamento acima, temos que nossa tabela de amortização é dada por:

	Parcela	Juros	Amortização	Saldo Devedor	Amort. Acum.	% acum
0				20.000,00		
1	1.057,42	400,00	657,42	19.342,58	657,42	3,29
2	1.057,42	386,85	670,57	18.672,01	1.327,99	6,64
3	1.057,42	373,44	683,98	17.988,03	2.011,97	10,06
4	1.057,42	359,76	697,66	17.290,36	2.709,64	13,55
5	1.057,42	345,81	711,61	16.578,75	3.421,25	17,11
6	1.057,42	331,57	725,85	15.852,90	4.147,10	20,74
7	1.057,42	317,06	740,36	15.112,54	4.887,46	24,44
8	1.057,42	302,25	755,17	14.357,37	5.642,63	28,21
9	1.057,42	287,15	770,27	13.587,09	6.412,91	32,06
10	1.057,42	271,74	785,68	12.801,41	7.198,59	35,99
11	1.057,42	256,03	801,39	12.000,02	7.999,98	40,00
12	1.057,42	240,00	817,42	11.182,60	8.817,40	44,09
13	1.057,42	223,65	833,77	10.348,83	9.651,17	48,26
14	1.057,42	206,98	850,45	9.498,38	10.501,62	52,51
15	1.057,42	189,97	867,45	8.630,93	11.369,07	56,85
16	1.057,42	172,62	884,80	7.746,12	12.253,88	61,27
17	1.057,42	154,92	902,50	6.843,63	13.156,37	65,78
18	1.057,42	136,87	920,55	5.923,08	14.076,92	70,38
19	1.057,42	118,46	938,96	4.984,12	15.015,88	75,08
20	1.057,42	99,68	957,74	4.026,38	15.973,62	79,87
21	1.057,42	80,53	976,89	3.049,48	16.950,52	84,75
22	1.057,42	60,99	996,43	2.053,05	17.946,95	89,73
23	1.057,42	41,06	1.016,36	1.036,69	18.963,31	94,82
24	1.057,42	20,73	1.036,69	0,00	20.000,00	100,00

E agora, como realizamos a antecipação das nossas parcelas? Vamos primeiro realizar a antecipação no mês 06.

Como as parcelas contêm juros, devemos pegar a soma dos valores das amortizações das parcelas antecipadas e subtrair do saldo devedor no respectivo período da antecipação. Dessa maneira, pela tabela, vemos que o **Saldo Devedor** será de R$5.923,08 quando ainda faltam as seis últimas parcelas, então basta subtrair essa quantia do saldo devedor no mês 6 e assim elaboramos uma nova tabela:

	Parcela	Juros	Amortização	Saldo Devedor	Amort. Acum.	% acum
0				20.000,00		
1	1.057,42	400,00	657,42	19.342,58	657,42	3,29
2	1.057,42	386,85	670,57	18.672,01	1.327,99	6,64
3	1.057,42	373,44	683,98	17.988,03	2.011,97	10,06
4	1.057,42	359,76	697,66	17.290,36	2.709,64	13,55
5	1.057,42	345,81	711,61	16.578,75	3.421,25	17,11
6	6.980,50	331,57	725,85	9.929,82	10.070,17	50,35
7	1.057,42	198,60	858,83	9.071,00	10.929,00	54,64
8	1.057,42	181,42	876,00	8.195,00	11.805,00	59,03
9	1.057,42	163,90	893,52	7.301,48	12.698,52	63,49
10	1.057,42	146,03	911,39	6.390,09	13.609,91	68,05
11	1.057,42	127,80	929,62	5.460,46	14.539,54	72,70
12	1.057,42	109,21	948,21	4.512,25	15.487,75	77,44
13	1.057,42	90,25	967,18	3.545,08	16.454,92	82,27
14	1.057,42	70,90	986,52	2.558,56	17.441,44	87,21
15	1.057,42	51,17	1.006,25	1.552,30	18.447,70	92,24
16	1.057,42	31,05	1.026,38	525,93	19.474,07	97,37
17	1.057,42	10,52	1.046,90	- 520,98	20.520,98	102,60
18	1.057,42	10,42	1.047,00	- 1.567,98	21.567,98	107,84

Como foi feito no mês 6, realizamos 15.852,90 - 5.923,08 = 9.928,82 e continuamos nossa tabela anterior, mas ao chegar no mês 17, temos um saldo devedor negativo, o que significa que já foi paga toda a dívida (20.000,00) e 520,98 excedentes. E no mês 18, nosso saldo fica ainda mais negativo, ou seja, não é necessário pagar o mês 18 e apenas uma certa parcela do mês 17 para que a soma das amortizações dê 20.000,00.

Para isso, eliminaremos a última linha dessa tabela e faremos com que a nossa última amortização seja igual ao penúltimo saldo devedor. Como:
`Juros = i *Saldo Devedor` e `P = J +A` , então teremos nossa tabela da seguinte maneira:

	Parcela	Juros	Amortização	Saldo devedor	Amort. Acum.	% acum
0				20.000,00		
1	1.057,42	400,00	657,42	19.342,58	657,42	3,29
2	1.057,42	386,85	670,57	18.672,01	1.327,99	6,64
3	1.057,42	373,44	683,98	17.988,03	2.011,97	10,06
4	1.057,42	359,76	697,66	17.290,36	2.709,64	13,55
5	1.057,42	345,81	711,61	16.578,75	3.421,25	17,11
6	1.057,42	331,57	725,85	9.929,83	10.070,18	50,35
7	1.057,42	198,60	858,83	9.071,01	10.929,00	54,65
8	1.057,42	181,42	876,00	8.195,01	11.805,00	59,03
9	1.057,42	163,90	893,52	7.301,48	12.698,53	63,49
10	1.057,42	146,03	911,39	6.390,09	13.609,92	68,05
11	1.057,42	127,80	929,62	5.460,47	14.539,54	72,70
12	1.057,42	109,21	948,21	4.512,26	15.487,75	77,44
13	1.057,42	90,25	967,18	3.545,08	16.454,93	82,27
14	1.057,42	70,90	986,52	2.558,56	17.441,45	87,21
15	1.057,42	51,17	1.006,25	1.552,30	18.447,70	92,24
16	1.057,42	31,05	1.026,38	525,93	19.474,07	97,37
17	536,45	10,52	525,93		20.000,00	100,00

Logo, devemos pagar até a décima sétima parcela do financiamento e não mais o valor original de R\$1.057,42, mas sim R\$536,45, de modo que o **Saldo Devedor** tenda a zero.

Portanto, para anteciparmos n parcelas, não é verdadeiro que devemos pagar o número de parcelas multiplicado pelo valor da mesma, e sim a soma das amortizações das parcelas antecipadas, pois os juros que compõem a parcela não são devidos.

Nesse exemplo, o financiamento foi amortizado em um prazo inferior ao número de parcelas antecipadas.

Quanto aos valores das parcelas vincendas, observamos que elas permanecem as mesmas e somente a última parcela será calculada pelo valor residual.

Uma questão ainda a ser comentada diz respeito quando se efetua essa operação: haverá diferença no número de parcelas vincendas se essa antecipação for efetuada no início do financiamento ou no final do mesmo? Para isso, vamos utilizar a mesma metodologia anterior e supor que a antecipação ocorra exatamente quando for efetuado o pagamento da décima segunda parcela, assim, obtemos a seguinte tabela:

	Parcela	Juros	Amortização	Saldo devedor	Amort. Acum.	% acum
0				20.000,00		
1	1.057,42	400,00	657,42	19.342,58	657,42	3,29
2	1.057,42	386,85	670,57	18.672,01	1.327,99	6,64
3	1.057,42	373,44	683,98	17.988,03	2.011,97	10,06
4	1.057,42	359,76	697,66	17.290,36	2.709,64	13,55
5	1.057,42	345,81	711,61	16.578,75	3.421,25	17,11
6	1.057,42	331,57	725,85	15.852,90	4.147,10	20,74
7	1.057,42	317,06	740,36	15.112,54	4.887,46	24,44
8	1.057,42	302,25	755,17	14.357,37	5.642,63	28,21
9	1.057,42	287,15	770,27	13.587,09	6.412,91	32,06
10	1.057,42	271,74	785,68	12.801,41	7.198,59	35,99
11	1.057,42	256,03	801,39	12.000,02	7.999,98	40,00
12	1.057,42	240,00	817,42	5.259,52	14.740,48	73,70
13	1.057,42	105,19	952,23	4.307,29	15.692,71	78,46
14	1.057,42	86,15	971,28	3.336,01	16.663,99	83,32
15	1.057,42	66,72	990,70	2.345,31	17.654,69	88,27
16	1.057,42	46,91	1.010,52	1.334,80	18.665,20	93,33
17	1.057,42	26,70	1.030,73	304,07	19.695,93	98,48
18	310,15	6,08	304,07	-	20.000,00	100,00

Elaboramos três gráficos (percentual de amortização acumulada versus tempo de financiamento) das situações apresentadas e podemos observar que no início do financiamento as curvas coincidem, pois as amortzações ocorrem de maneira idêntica, mas após a antecipação das últimas seis parcelas, há um "salto" no gráfico no momento em que antecipamos o valor das armotizações, e após, percebemos que as retas possuem mesma inclinação, porém sendo retas agora paralelas.

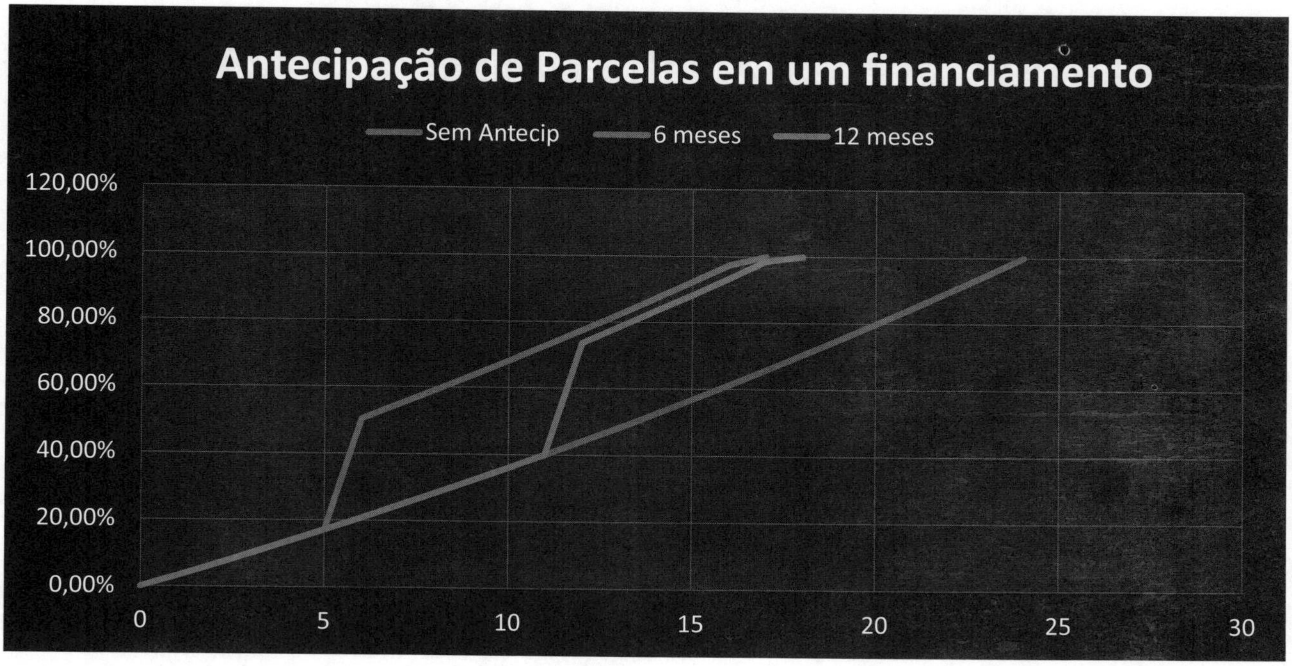

Vamos resolver este problema analiticamente, ou seja, sabendo-se que a antecipação ocorre depois de paga a k-ésima parcela e as parcelas a serem antecipadas do final do financiamento, é possível encontrarmos quantas parcelas deveremos ainda pagar, como também o valor residual da última parcela.

ANTECIPAÇÃO DE PARCELAS EM UM FINANCIAMENTO

Suponhamos que em um financiamento de n parcelas com uma taxa i eu consiga antecipar p parcelas no momento do pagamento da k-ésima parcela (p < n-k), então podemos determinar quantas parcelas ainda devo pagar para quitar tal financiamento. Assim temos:

Logo após o pagamento da k-ésima parcela o **Saldo Devedor** S_k e o **Saldo Devedor**, após a antecipação das p últimas parcelas, S_k^+, são dados pelas expressões:

$$S_k = S - (A_1 + A_2 + ... + A_{k-1} + A_k) \text{ e}$$
$$S_k^+ = S^k - (A_n + A_{n-1} + ... + A_{n-(p-1)})$$

Consideremos A_{k+1} e B_{k+1} os valores da (k+1)-ésimas parcelas de amortização dos sistemas sem e com antecipação respectivamente, então:

$$B_{k+1} = A_{k+1} + i(S_k - S_k^+) = A_{k+1} + i((A_n + A_{n-1} + ... + A_{n-(p-1)}))$$

em que a soma $(A_n + A_{n-1} + ... + A_{n-(p-1)})$ é o valor antecipado.

Para determinarmos quantas parcelas ainda teremos que pagar após a antecipação, é necessário encontrar o momento em que a amortização do novo sistema seja maior que o Saldo Devedor anterior, ou seja, supondo que isto deverá ocorrer logo após o pagamento de mais r parcelas, então basta resolvermos a seguinte desigualdade:

$$B_{k+r} > S^{+}_{k-(r-1)}$$

Logo:

$$B_{k+1}(1+i)^{r-1} > S^{+}_{k} - (B_{k+1} + B_{k+2} + ... + B_{k+(r-2)}) \Rightarrow$$

$$B_{k+1}(1+i)^{r-1} > S^{+}_{k} - B_{k+1}\frac{[(1+i)^{r-1} - 1]}{i} \Rightarrow$$

$$B_{k+1}i(1+i)^{r-1} > iS^{+}_{k} - B_{k+1}((1+i)^{r-1} - 1) \Rightarrow$$

$$B_{k+1}i(1+i)^{r-1} + B_{k+1}(1+i)^{r-1} > iS^{+}_{k} + B_{k+1} \Rightarrow$$

$$(1+i)^{r} > \frac{P}{B_{k+1}} \Rightarrow r > \frac{ln(P) - ln(B_{b+1})}{ln(1+i)}$$

E o mês em que se encerrará o financiamento será dado pelo primeiro maior inteiro r, sendo P o valor da parcela do financiamento original. Logo, encontrando r podemos encontrar o valor residual da r-ésima amortização R, como também a parcela residual P_r, que serão dadas pelas seguintes expressões:

$$R = S^{+}_{k} - B_{k+1}\frac{[(1+i)^{r-1} - 1]}{i} \Rightarrow$$

$$R = \frac{iS^{+}_{k} - B_{k+1}[(1+i)^{r-1} - 1]}{i} \Rightarrow$$

$$R = \frac{P - B_{k+1}(1+i)^{r-1}}{i}$$

e $P_r = (1+i)R$

A fim de comprovação, vamos aplicar essa fórmula para as antecipações de 6 a 12 meses. Como base, utilizaremos o **Software Excel** para resolução:

Dados	6 meses	12 meses
S	20.000,00	20.000,00
n	24	24
k	6	12
i	2%	2%
P	1.057,42	1.057,42
B_1	657,42	657,42
B_{k+1}	858,83	952,23
$V_{antecipado}$	5.923,08	5.923,08
r	11	6
R	525,93	304,07
P_r	536,45	310,15

A partir desse resultado, podemos afirmar que se anteciparmos o montante das últimas seis parcelas no mês 6, ele se encerrará em 17 meses. Para o caso de 12 meses o financiamento se encerrará em 18 meses.

5.2 Sistema de Amortizações Constantes - SAC

O comércio aceita uma modalidade de pagamento em que a parcela mensal é calculada de forma a abater sempre o mesmo valor no principal. Essa modalidade de financiamento é conhecida como **Sistema de Amortização Constante S.A.C**, onde:

- **juros do período** são calculados sobre o saldo da dívida no início do período,
- **amortização fixa**, valor constante de abatimento do principal.

Ao longo do tempo os juros e as parcelas vão decrescendo, sendo o decréscimo da segunda parcela feito de forma aritmeticamente. Sendo assim, o problema é determinar qual o valor da parcela a ser pago mensalmente, de tal maneira que efetuando esses 08 pagamentos mensais, isso seja equivalente ao pagamento integral do montante da dívida daqui a 08 meses. Na prática, esse problema se resolve utilizando a **equação básica de juros simples** para o cálculo dos juros embutidos em cada parcela, definindo assim a seguinte expressão para o cálculo do valor da parcela P_k:

$$P = \frac{S}{n} + S_{k-1} \cdot i,$$

onde S é o valor do principal, S_{k-1} é o valor do saldo devedor no início de cada período, i a taxa do período e n número de períodos. Disso podemos construir uma tabela para descrever todo o financiamento.

Fazendo o deslocamento da data focal para o momento do pagamento da última parcela, temos a satisfação da igualdade entre o somatório das parcelas e o montante emprestado:

$$\begin{aligned} 18.000 \cdot (1 + 1{,}5\%)^8 = {} & 2.520{,}00 \cdot (1 + 1{,}5\%)^7 + 2.486{,}25 \cdot (1 + 1{,}5\%)^6 + \cdots \\ & +2.283{,}75 \end{aligned}$$

que corresponde ao montante do valor emprestado de R$ 18.000,00 capitalizados mensalmente por um período de 08 meses.

Usando a Planilha Eletrônica. Para elaborarmos no Excel a tabela de amortização SAC, usaremos o mesmo formato adotado no **Sistema Price**, ou seja, indicando os seguintes dados:
N = n^o de parcelas (de 0 a 8);
P = parcela a ser paga;
J = juros a ser pago;
A = valor da amortização;
S = Saldo Devedor (neste caso igual a R$ 18.450,00);
Logo após a construção da tabela temos o seguinte procedimento:

1. Inserir na linha 2 da tabela na coluna **Amortização** a fórmula `= (18450)/8` e arrastá-la.
2. Inserir na linha 2 da tabela na coluna **Juros** a fórmula $J_1 = i * S_0 = 1{,}5\% * 18.450$ e arrastá-la.
3. Inserir na linha 2 da tabela na coluna **Parcela** a soma do valor dos juros com o valor da amortização.
4. Inserir na linha 2 da tabela na coluna **Saldo Devedor** a diferença entre o saldo inicial e o valor da amortização.

Como esse processo deverá se repetir em todas as linhas da tabela, então basta copiar a linha 2 para as demais (arrastar a linha 2 para as demais).

Assim, teremos a seguinte tabela de amortização SAC:

=E5+D5 | =F4*0,015 | =18450/8 | =F4-E5

	A	B	C	D	E	F	G	H
1								
2								
3		Nº de Parcelas	Parcela	Juros	Amortização	Saldo Devedor		
4		0				18.450,00		
5		1	2.583,00	276,75	2.306,25	16.143,75		
6		2	2.548,41	242,16	2.306,25	13.837,50		
7		3	2.513,81	207,56	2.306,25	11.531,25		
8		4	2.479,22	172,97	2.306,25	9.225,00		
9		5	2.444,63	138,38	2.306,25	6.918,75		
10		6	2.410,03	103,78	2.306,25	4.612,50		
11		7	2.375,44	69,19	2.306,25	2.306,25		
12		8	2.340,84	34,59	2.306,25	0,00		

Sobre o valor de Amortização

$A = A_1 = A_2 = A_3 = A_4 = \cdots = A_n$, portanto, $P_k = A + i \cdot S_{k-1}$.

Analise o problema.

A) Será que existe uma fórmula de recorrência para P_k?

B) Você conseguiria demonstrar que o **S.A.C.** realmente amortiza, ou seja, sempre zera a dívida?

C) Você consegueria estabelecer comparações do **S.A.C.** com o **Método Price**.

SAC Pós-fixado

Assim como no **Price Pós Fixado**, no sistema de amortizações constantes também podemos fixar um valor de correção a cada período (no caso do exemplo acima, os meses). Utilizando o exemplo anterior de **SAC Pré-fixado** e colocando uma taxa de correção mensal de 1% a.m., teremos a seguinte tabela:

Usando a Planilha Eletrônica.

=E6*(1+H6)   =G5-E6

	A	B	C	D	E	F	G	H
4		Nº de Parcelas	Parcela	Juros	Amortização	Saldo Devedor	Saldo Corrigido	TR
5		0				18.000,00	18.180,00	1%
6		1	2.545,20	272,70	2.272,50	15.907,50	16.066,58	1%
7		2	2.536,22	241,00	2.295,23	13.771,35	13.909,06	1%
8		3	2.526,81	208,64	2.318,18	11.590,89	11.706,80	1%
9		4	2.516,96	175,60	2.341,36	9.365,44	9.459,09	1%
10		5	2.506,66	141,89	2.364,77	7.094,32	7.165,26	1%
11		6	2.495,90	107,48	2.388,42	4.776,84	4.824,61	1%
12		7	2.484,67	72,37	2.412,30	2.412,30	2.436,43	1%
13		8	2.472,97	36,55	2.436,43	-	-	

5.3 Amortizações Geométricas - SAG

Analise o problema. Se uma instituição financeira conceder um crédito de R$ 18.000,00, para ser pago em 8 parcelas iguais, com vencimento da 1ª parcela em 30 dias, periodicidade mensal de amortização e juros de 1,50% a.m., então:

A) Como ficariam as parcelas se elas crescessem geometricamente a uma razão de $(1 + i)$ e quais seriam os valores de juros e de amortização em uma dessas parcelas?

Prestações Geométricas

Uma das formas existentes de efetuar tal pagamento é utilizar uma modalidade de financiamento denominada Sistema de Amortização Geométrica - SAG. Nessa modalidade, as prestações formam uma progressão geométrica de forma que a k-ésima parcela é dada por P_k,

$$P_k = \frac{V}{n}(1 + i)^k \tag{5.1}$$

onde V é o valor do principal, i é a taxa do período e n número de períodos. Como nas outras modalidades de financiamento, a soma das capitalizações de cada parcela é equivalente ao montante do valor emprestado capitalizado pelo período total de empréstimo.

$$\begin{aligned} S &= 2.383{,}75(1+0{,}015)^7 + 2.318{,}01(1+0{,}015)^6 + \cdots + 2.534{,}61 \\ &= 20.276{,}86 \\ &= 18.000 \cdot (1+1{,}5\%)^8 \end{aligned}$$

E a partir da equação 5.1 construimos a seguinte tabela de amortização:

Usando a Planilha Eletrônica. Da mesma forma devemos construir uma tabela de amortização contendo os dados do financiamento:
N = n^o de parcelas;
P = parcela a ser paga;
J = juros a ser pago;
A = valor da amortização;
S = Saldo Devedor;
Logo após a construção da tabela temos o seguinte procedimento:

1. Inserir na linha 2 na coluna **Parcela** a fórmula $P_1 = (\frac{S_0}{n}) * (1+i)$.
2. Inserir na linha 2 na coluna **Juros** a fórmula $J_1 = i * S_0$.
3. Inserir na linha 2 na coluna **Amortização** a fórmula $A_1 = P_1 - J_1$.
4. Inserir na linha 2 na coluna **Saldo Devedor** a fórmula $S_1 = S_0 - A_1$.
5. Inserir na linha 3 na coluna **Parcela** a fórmula $P_2 = P_1 * (1+i)$ e, efetuando o mesmo procedimento para a mesma coluna de **Parcela**, determinaremos todos os valores das mesmas. Como esse processo deverá se repetir em todas as linhas da tabela, então basta copiar a linha 2 para as demais (arrastar a linha 2 para as demais).

Assim teremos a seguinte tabela de amortização:

=(18000/8)*((1+0,015)^B6) | =F5*0,015 | =C6-D6

Nº de Parcelas	Parcela	Juros	Amortização	Saldo Devedor
0				18.000,00
1	2.283,75	270,00	2.013,75	15.986,25 → =F5-E6
2	2.318,01	239,79	2.078,21	13.908,04
3	2.352,78	208,62	2.144,16	11.763,88
4	2.388,07	176,46	2.211,61	9.552,27
5	2.423,89	143,28	2.280,60	7.271,67
6	2.460,25	109,08	2.351,17	4.920,49
7	2.497,15	73,81	2.423,34	2.497,15
8	2.534,61	37,46	2.497,15	0,00

■ SAG Pós-fixado

Podemos obter um **SAG Pós-fixado** da mesma maneira que os anteriores. Supondo uma taxa de correção r de 1% a.m. teremos a seguinte tabela de amortização:

=C6*(1+1%)*(1+1,5%)

=(G5/8)*(1+1,5%)

Nº de Parcelas	Parcela	Juros	Amortização	Saldo Devedor	SC
0				18.000,00	18.180,00
1	2.306,59	272,70	2.033,89	16.146,11	16.307,57
2	2.364,60	244,61	2.119,98	14.187,59	14.329,46
3	2.424,07	214,94	2.209,13	12.120,34	12.241,54
4	2.485,03	183,62	2.301,41	9.940,13	10.039,53
5	2.547,53	150,59	2.396,94	7.642,60	7.719,02
6	2.611,60	115,79	2.495,82	5.223,20	5.275,44
7	2.677,28	79,13	2.598,15	2.677,28	2.704,06
8	2.744,62	40,56	2.704,06	0,00	0,00

Note que cada parcela no **SAG** cresce de maneira geométrica na razão de $(1+i)*(1+r)$.

Analise o problema.

A) Mostre que $S_k = P_k * (n-k)$, para $k = 1$ até n.

B) Compare o método **SAG** com o **Price** e com o **SAC**.

5.4 Sistema de Amortizações Mistas - SAM

Analise o problema. Se uma instituição financeira concedeu a um indivíduo um crédito no valor de R$ 18.000,00, para ser pago em 08 parcelas, com vencimento da 1ª parcela em 30 dias, periodicidade mensal de amortização e juros de 1,50% a.m., e então:

A) Seria possível construir uma parcela que usasse os conceitos de mais de um dos sistemas de amortização apresentados?

B) Como calcular o valor de juros e amortização nestes casos?

■ Prestações Mistas

Uma das formas existentes de efetuar pagamento de financiamento é uma modalidade de financiamento denominada **Sistema de Amortização Mista**, que é uma composição dos **Sistemas Price** e **Amortizações Constantes**, de forma a definir as parcelas como:

$$P_k = \frac{P_{price} + P_{sac}}{2}$$

O financiamento nesse sistema é pago em prestações decrescentes. Ao longo do tempo, os juros vão decrescendo ao passo que as amortizações vão crescendo, de tal modo que a soma dessas duas parcelas se mantenha sempre igual ao valor da prestação.

Para assegurar a amortização do sistema vamos calcular a soma das capitalizações de cada parcela e atestar sua correspondência ao montante do valor emprestado de R$ 18.000,00, capitalizados mensalmente por um período de 08 meses.

$$\begin{aligned} S &= 2.462{,}26(1 + 0{,}015)^7 + 2.445{,}26(1 + 0{,}015)^6 + \cdots + 2.344{,}13 \\ &= 20.276{,}86 \\ &= 18.000(1 + 1{,}5\%)^8. \end{aligned}$$

Usando a Planilha Eletrônica. Deste modo, neste sistema teremos que montar duas tabelas auxiliares desse mesmo produto com os sistemas **Price** e **SAC**; e só então fazer a tabela SAM com a fórmula dada anteriormente:

PRICE

Nº de Parcelas	Parcela	Juros	Amortização	Saldo Devedor
0				18.000,00
1	2.404,51	270,00	2.134,51	15.865,49
2	2.404,51	237,98	2.166,53	13.698,96
3	2.404,51	205,48	2.199,03	11.499,93
4	2.404,51	172,50	2.232,01	9.267,92
5	2.404,51	139,02	2.265,49	7.002,42
6	2.404,51	105,04	2.299,48	4.702,95
7	2.404,51	70,54	2.333,97	2.398,98
8	2.404,51	35,53	2.368,98	-

SAC

Nº de Parcelas	Parcela	Juros	Amortização	Saldo Devedor
0				18.000,00
1	2.520,00	270,00	2.250,00	15.750,00
2	2.486,25	236,25	2.250,00	13.500,00
3	2.452,50	202,50	2.250,00	11.250,00
4	2.418,75	168,75	2.250,00	9.000,00
5	2.385,00	135,00	2.250,00	6.750,00
6	2.351,25	101,25	2.250,00	4.500,00
7	2.317,50	67,50	2.250,00	2.250,00
8	2.283,75	33,75	2.250,00	-

=(C4+I4)/2

Nº de Parcelas	Parcela	Juros	Amortização	Saldo Devedor
0				18.000,00
1	2.462,26	270,00	2.250,00	15.750,00
2	2.445,38	236,25	2.250,00	13.500,00
3	2.428,51	202,50	2.250,00	11.250,00
4	2.411,63	168,75	2.250,00	9.000,00
5	2.394,76	135,00	2.250,00	6.750,00
6	2.377,88	101,25	2.250,00	4.500,00
7	2.361,01	67,50	2.250,00	2.250,00
8	2.344,13	33,75	2.250,00	-

Analise o problema.

A) Será que existe alguma fórmula de recorrência para o valor amortizado na k-ésima parcela no **SAM**?

B) Você seria capaz de mostrar que o **SAM** realmente amortiza?

C) Você consegue ver semelhanças entre o **SAM**, o **Price** e o **SAC**?

D) A mistura entre **SAG** e **SAC** é um sistema de amortização?

E) É verdade que de dois sistemas de amortizações quaisquer podemos definir um novo sistema de amortização, usando como parcela as médias aritméticas das parcelas destes sistemas?

5.5 Sistema Alemão de Amortização

No método alemão as prestações são sempre idênticas, como ocorre no método francês (**Método Price**). A diferença fundamental entre esses dois métodos está no fato de que, no método alemão os juros sobre o saldo devedor é pago de forma antecipada, enquanto no método francês ele é pago no mês correspondente. Dessa forma, a k-ésima parcela usa a amortização do período, entretanto, os juros correspondentes são da parcela *k+1*.

Por exemplo, se tomarmos o ato do empréstimo a quantia inicial recebida pelo tomador do empréstimo no período 0, nesse caso, já vem deduzida do juro antecipado correspondente a esse período, enquanto nos outros métodos esse mesmo juro só seria pago no início do primeiro período.

■ O Método Alemão

No método alemão, se tomarmos uma dívida inicial de S_0 contraída a juros j e de n períodos, teremos que, no período 0, o tomador do empréstimo receberá (no ato do empréstimo):

$$S_0(1-j)$$

que é o valor emprestado já com o valor do juro antecipado da primeira parcela descontado. O valor da primeira parcela de amortização, denotada A_1, será dada por

$$A_1 = \frac{S_0 j}{(1-j)[\frac{1}{(1-j)^n} - 1]} \ . \tag{5.2}$$

Nos períodos subsequentes, as parcelas de amortização serão dadas por:

$$A_k = \frac{A_{k-1}}{(1-j)} \qquad k = 2, 3, ..., n \ . \tag{5.3}$$

O valor de cada prestação, que é idêntico para todos os períodos, menos do período zero, inclui o juro antecipado sobre o saldo devedor mais a parcela de amortização, sendo a parcela obtida por:

$$P_k = A_k + j(S_0 - \sum_{i=1}^{k} A_i) \qquad k = 2, 3, ..., n \tag{5.4}$$

onde $j(S_0 - \sum_{i=1}^{k} A_i)$ corresponde ao juro antecipado pago sobre o saldo devedor, e A_k corresponde a parcela de amortização. Como as prestações são sempre idênticas, basta calcularmos P_1 (primeira parcela):

$$P_1 = A_1 + j(S_0 - A_1) \qquad k = 2, 3, ..., n \tag{5.5}$$

e então fazer:

$$P_k = P_1 \qquad k = 2, 3, ..., n \ .$$

Analise o problema. Uma instituição financeira concedeu a um indivíduo um crédito no valor de R$ 12.000,00, para ser pago pelo **Sistema Alemão** em 12 parcelas iguais, com vencimento da 1ª parcela em 30 dias e juros de 3,0% a.m., e então:

A) Qual será o valor da parcela a ser paga mensalmente?

B) Qual será o valor de cada parcela de juros a ser paga e o valor a ser amortizado mensalmente?

■ Pagamento de juros antecipados

Nesse sistema, a parcela de juros em k é antecipada, sendo calculada como $j_k = S_k i$, $k = 1,2,3,\ldots,n$, e os pagamentos são $p_0 = V.i$ e $p_1 = p_2 = \cdots = p_n = P$, constantes, ou seja, nesse caso as parcelas são iguais. Então:

$$p_k = j_k + a_k = S_k i + a_k \qquad\qquad = j_{k+1} + a_{k+1} = S_{k+1} i + a_{k+1}, \tag{5.6}$$

mas como $S_{k+1} = S_k - a_{k+1}$, então $S_k i - a_k = (S_k - a_{k+1})i + a_{k+i}$. Assim sendo, $a_{k+i} = \dfrac{a_k}{1-i}$, ou seja, a sequência forma uma progressão geométrica de razão $\dfrac{1}{1-i}$.

■ Sobre o valor da amortização

Partindo da relação encontrada anteriormente temos:

$$a_1 + a_2 + \cdots + a_n = a_1 + \frac{a_1}{1-i} + \cdots + \frac{a_1}{(1-i)^{n-1}} = V$$

Portanto,

$$a_1 = \frac{Vi}{(1-i)^{1-n} - (1-i)}$$

Como $P_n = j_n + a_n = S_n i + a_n = P$ e $S_n = 0$, tem-se que $P = a_n$ e $j_n = 0$. O financiamento nesse sistema é pago em prestações iguais, cada uma sendo subdividida em duas parcelas:

A) **juros do período**, calculados sobre o saldo da dívida no início do período.

B) **amortização do principal** correspondente ao pagamento parcial ou integral do principal e obtida a partir da diferença do valor da prestação e o valor dos juros no período.

Logo, encontramos o valor para A_1, que é de R$ 841,10. A partir do valor encontrado para a primeira amortização, podemos construir uma tabela denominada **Tabela Alemão** utilizando os valores de V, n e i.

Usando a Planilha Eletrônica. Para resolvermos este problema no Excel, primeiramente montaremos a tabela base com o N^o **de Parcelas**, **Parcela**, **Juros**, **Amortização** e **Saldo Devedor** de acordo com o enunciado: [Caso tenha dúvida, vide **Sistema Price**]:

Nº de Parcelas	Parcela	Juros	Amortização	Saldo Devedor
0				12.000,00
1				
2				
3				
4				
5				
6				
7				
8				
9				
10				
11				
12				

1. Na primeira linha (mês 0), em **Parcela** coloque que `Parcela = Juros + Amortização` e Arraste.

2. Na primeira linha, em **Juros** coloque que `Juros do Mês = (Taxa de Juros) * (Saldo Devedor)`

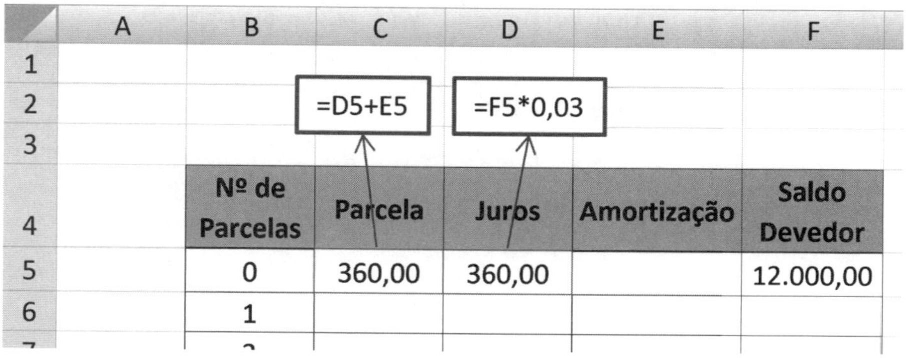

3. Apenas na amortização do *Mês 1* usaremos a fórmula:
`A = (V*i)/((1-i) ^(1-n)-(1-i))`, onde V=12000 i=3% e n=12

=(12000*0,03)/((1-0,03)^(1-12)-(1-0,03))

Nº de Parcelas	Parcela	Juros	Amortização	Saldo Devedor
0	360,00	360,00		12.000,00
1	841,10		841,10	

4. Na segunda linha (mês 1), coloque
`Saldo Devedor = Saldo Dev.Anterior - Amortização Mês` e arraste.

5. Na terceira linha (mês 2), coloque em amortização `(Amortização Mês k) = (Amortização Mês k-1)/(1-i)` k= mês da linha respectiva e i=3%

=E6/(1-0,03)

=F5-E6

Nº de Parcelas	Parcela	Juros	Amortização	Saldo Devedor
0	360,00	360,00		12.000,00
1	1.175,86	334,77	841,10	11.158,90
2	1.175,86	308,75	867,11	10.291,79
3	1.175,86	281,94	893,93	9.397,86
4	1.175,86	254,29	921,58	8.476,29
5	1.175,86	225,79	950,08	7.526,21
6	1.175,86	196,40	979,46	6.546,74
7	1.175,86	166,11	1.009,76	5.536,99
8	1.175,86	134,88	1.040,98	4.496,01
9	1.175,86	102,68	1.073,18	3.422,82
10	1.175,86	69,49	1.106,37	2.316,45
11	1.175,86	35,28	1.140,59	1.175,86
12	1.175,86	0,00	1.175,86	0,00

Assim estará pronto seu **Sistema Alemão**.

Para colocar na situação o **Sistema Alemão** pós-fixado com uma TR de 1%, teremos poucas mudanças com relação ao pré-fixado, resultando na tabela a seguir:

=(E6/(1-0,03))*(1+1%)

=(G5*0,03)/((1-0,03)^(1-12)-(1-0,03))

Nº de Parcelas	Parcela	Juros	Amortização	Saldo Devedor	SC
0	363,60	363,60		12.000,00	12.120,00
1	1.191,00	341,50	849,51	11.270,49	11.383,20
2	1.202,65	318,11	884,54	10.498,66	10.603,64
3	1.214,40	293,38	921,02	9.682,63	9.779,45
4	1.226,26	267,26	959,00	8.820,46	8.908,66
5	1.238,22	239,68	998,54	7.910,12	7.989,22
6	1.250,29	210,57	1.039,72	6.949,50	7.019,00
7	1.262,47	179,87	1.082,59	5.936,40	5.995,77
8	1.274,75	147,52	1.127,24	4.868,53	4.917,21
9	1.287,15	113,43	1.173,72	3.743,49	3.780,93
10	1.299,65	77,53	1.222,12	2.558,81	2.584,39
11	1.312,27	39,75	1.272,52	1.311,88	1.324,99
12	1.324,99	0,00	1.324,99	0,00	0,00

5.6 Outros Sistemas de Financiamentos

Sistema de Amortização Crescente - SACRE

Antigamente utilizado pela Caixa Econômica Federal na concessão de financiamentos para a aquisição de terrenos e da casa própria, esse tipo de plano de amortização tende a amenizar o aparecimento do resíduo final. A dinâmica desse sistema é que o saldo devedor deverá ser refinanciado periodicamente conforme a seguinte regra:

A) A prestação P é mantida constante durante o primeiro ano,

B) A prestação é recalculada anualmente de acordo com o SAC, com base no saldo devedor existente,

C) Valores pós-fixados.

Uma pessoa que ao comprar um terreno no valor de R$ 10.000,00, o financiou pela Caixa Econômica Federal. As condições para o financiamento foram:

Sistema de Financiamento: SACRE

Taxa de Juros: 1,0 % a.m.

Correção Monetária: 12% a.a.

Período do Financiamento: 36 meses

A) Elabore uma tabela de amortização para o primeiro financiamento sem correção monetária.

Solução de A)

A primeira linha da tabela de amortização é calculada pelo SAC, ou seja, $A_1 = \dfrac{10000}{36}$ = 277,78 e J_1 = 10000.0,01 = 100 e P_1 = 377,78. Este valor de parcela permanece constante pelo período de 12 meses, ao final desse período o valor da parcela é recalculado utilizando a mesma metodologia, tomando-se como base o saldo devedor depois de 12 meses, ou seja, sobre o valor de S_{12} = 6.477,06. Assim, P_{13} = 334,65.

Analogamente, calculamos o valor de P_{25} = 285,07 sobre um saldo devedor de 3.054,31 e ao final de 36 meses teremos um resíduo de -173,72.

Analise o problema. Você conseguiria elaborar uma tabela de amortização para este financiamento com correção monetária (TR de 0,5 % a.m.)? Qual será o resíduo?

Seja uma instituição financeira que concedeu a um indivíduo um crédito no valor de R$ 10.000,00, para ser pago em 5 parcelas iguais, com pagamento no final do período e juros de 2,0% a.m.

■ Pagamento no Final

Nesse caso, o financiamento é pago de uma única vez no final do n-ésimo período e os juros são capitalizados no final de cada período.

Analise o problema. Para o problema acima, qual será o valor da parcela de juros a ser capitalizada mensalmente? Qual o valor total a ser pago no final?

Usando a Planilha Eletrônica. Como neste sistema não há uma amortização mensal, a tabela pode ser mais simples, apenas com o **Juro** que decorrerá nestes meses e o **Saldo Devedor**, que tendem a aumentar com o tempo. O **Juro** nada mais é do que o que já fizemos várias vezes anteriormente `(Juros)=(Saldo Devedor)*(Taxa de Juros)` e o Saldo Devedor será `(Saldo Devedor)=(Juros)+(Saldo Dev.Mês Anterior)`

Mês	Juros	Saldo Devedor
0		10.000,00
1	200,00	10.200,00
2	204,00	10.404,00
3	208,08	10.612,08
4	212,24	10.824,32
5	216,49	11.040,81

■ Sistema Americano

Este é um financiamento em que as parcelas, excetuando a última, são os valores dos juros. Dessa forma, é garantido que a dívida não evolui, assegurando que a quitação será efetuada no momento final com um valor compatível ao montante financiado. Em outras palavras, realiza-se pagamentos periódicos de juros e amortização ao final.

Usando a Planilha Eletrônica. Neste sistema, o problema acima tem a seguinte tabela de amortização usando o Excel:

Mês	Parcela	Juros	Saldo Devedor
0			10.000,00
1	200,00	200,00	10.000,00
2	200,00	200,00	10.000,00
3	200,00	200,00	10.000,00
4	200,00	200,00	10.000,00
5	10.200,00	200,00	-

5.7 Atividades Resolvidas

■ Plano 0% - Dá para Acreditar?

Atualmente vários estabelecimentos de comércio utilizam como forma de promoção o **Plano 0% de juros**, que consiste no parcelamento sem juros, ou seja, cada parcela resulta do valor total dividido pelo número de parcelas. As concessionárias de automóveis também utilizam essa prática, exigindo sempre uma parcela de entrada e o resto no parcelamento sem juros. Claro, que como qualquer financiamento de veículos está sujeito à uma taxa de abertura de crédito, podemos afirmar que esta taxa acaba não sendo 0% como se imaginava. Porém, é sempre bom calcularmos o que uma taxa 0% acaba provocando em nossa compra, afinal, podemos entender que "DEIXAR DE PERDER SIGNIFICA GANHAR".

Para que seja possível estabelecermos o quanto a taxa 0% provoca de desconto, suponhamos que temos um valor a ser financiado V, e que temos por comparação uma taxa i oferecida pelo banco a título de CDC.

Analise o problema: Uma concessionária oferece aos seus clientes o plano 0% , que consiste em uma entrada de 50% e 24 parcelas iguais sem juros, com vencimento da 1ª parcela daqui a 30 dias. Se um indivíduo resolve comprar um automóvel no valor de R$ 36.900,00, preço de tabela, então qual será a vantagem que esse indivíduo terá, sabendo que a taxa CDC de seu banco é 1,5% a.m.?

Seja V o valor financiado, que nesse caso corresponde a 50% de R$36.900,00, que é igual a R$18.450,00, o valor de cada parcela é dado pela expressão:

$$P_{0\%} = \frac{V}{n} = \frac{18450}{24} = 768{,}75$$

Se calcularmos o valor da parcela utilizando a taxa de CDC do banco, devemos obter:

$$P_{CDC} = V\frac{(1+i)^n i}{(1+i)^n - 1} = 921{,}10$$

Dessa maneira, tivemos economia de R$ 152,35 em cada parcela, dado pela diferença entre P_{CDC} e $P_{0\%}$, o que corresponde a uma redução de 16,5%.

Mas será que esse "desconto" conseguido em cada parcela é igual ao desconto total dado sobre o valor financiado de R$ 18.450,00?

Para calcularmos a redução total dada em função do Plano 0%, em relação à taxa do banco de 1,5% a.m., devemos saber quanto vale a soma das diferenças obtidas em cada parcela no momento inicial. Então a Economia total é dada pela relação:

$$Economia\,Total = 152{,}35\left[\frac{1}{(1+1{,}5\%)}+\cdots+\frac{1}{(1+1{,}5\%)^{24}}\right]$$

O que corresponde a R$ 3.051,63 de economia, que corresponde a 16,5% do valor financiado. Dessa maneira, podemos concluir que a taxa de desconto obtida através do **Plano 0%** em cada parcela é a mesma obtida pelo valor total financiado.

$$Economia\,Total = (P_{CDC} - P_{0\%})\left[\frac{1}{(1+i)}+\cdots+\frac{1}{(1+i)^n}\right] =$$

$$ET = (P_{CDC} - P_{0\%})\left[\frac{(1+i)^n-1}{(1+i)^n i}\right] =$$

$$ET = (P_{CDC} - P_{0\%})\frac{V}{P_{CDC}}$$

Que corresponde exatamente ao valor da redução aplicado a cada parcela.

Por outro lado, o valor de ET corresponde exatamente ao valor da diferença entre o valor financiado V e o valor dado pela soma das parcelas V_R do **Plano 0%** no momento inicial, segundo a taxa do banco.

$$ET = (P_{CDC} - P_{0\%})\left[\frac{(1+i)^n-1}{(1+i)^n i}\right] =$$

$$ET = \left(P_{CDC}\frac{(1+i)^n-1}{(1+i)^n i} - P_{0\%}\frac{(1+i)^n-1}{(1+i)^n i}\right) = V - V_R$$

Sendo assim, para calcularmos a economia total obtida, basta encontrarmos V_R, que corresponde ao valor da soma das parcelas do **Plano 0%** no momento inicial, através da taxa do banco i.

Usando a Planilha Eletrônica. Resolveremos no Excel este problema aplicando `PGTO` para a parcela do CDC (P_{CDC}) com a taxa de 1,5% e diminuir o valor da parcela com **Plano 0%**.

P_{CDC}	921,10
$P_{0\%}$	768,75
Economia	152,34

Após isto, montamos uma tabela com 24 meses e os juros que "correm" por este lucro obtido, basta somá-los.

	A	B	C	D	E	F
1						
2		1	150,10	→ =((152,35)/(1+1,5%)^B2)		
3		2	147,88			
4		3	145,69			
5		4	143,54			
6		5	141,42			

	A	B	C	D	E	F
22		21	111,44			
23		22	109,80			
24		23	108,17			
25		24	106,58			
26		SOMA	3.051,63	→ =SOMA(C2:C25)		

■ Juro 0% - Cálculo da Taxa Efetiva de Juros com IOF e a TAC

Um indivíduo resolveu fazer um financiamento para comprar um veículo no valor de $R\$62.000,00$, para ser pago em 18 meses, sendo que deveria pagar 50% do valor do carro como entrada e a uma taxa de 1,19% a.m. Caso o indivíduo disponha de 60%, então a concessionária disponibiliza o Plano 0%, que consiste no restante a pagar em 18 parcelas sem juros.

A) Como o indivíduo só dispõe de 50% do valor do carro, então qual seria a vantagem do mesmo colocar 10% do bolso para conseguir o Plano 0% ao invés de fazer um financiamento de 50% com a taxa de 1,19%?

Solução de A)

Valor carro	62.000,00
Período	18

Plano 1,19%	
Entrada Plano 0%	50%
% financiada	50%
Valor Financiado	31.000,00
Juros Financiamento	1,19%
Parcela Financiamento	1.923,44

Plano 0%	
Entrada Plano 0%	60%
% financiada	40%
Valor Financiado	24.800,00
Juros Financiamento	0%
Parcela Plano 0%	1.377,78
complemento	6.200,00

Diferença	545,66
Valor Economizado	8.794,42
Dedução complemento	2.594,42

Juro 0%

Ao contrair um empréstimo financeiro, a instituição financeira sempre exige do cliente a famosa **Taxa de Abertura de Crédito**, que consiste na forma mais usual de incluir os juros no valor das parcelas. Para que a instituição financeira possa "abrir seu crédito", é cobrada uma taxa que varia entre $R\$500{,}00$ até mais de $R\$2.000{,}00$, dependendo do valor financiado.

Por exemplo, em um financiamento de $R\$12.000{,}00$ em 12 parcelas, o indivíduo deveria pagar ao banco 12 parcelas de $R\$1.000{,}00$ sem a cobrança de qualquer taxa ou quaisquer juros. No caso em que seja cobrada uma TAC de $R\$600{,}00$, o valor financiado então seria de $R\$12.600{,}00$, ou seja, o indivíduo deverá pagar ao banco então $R\$1.050{,}00$, que equivale a uma cobrança mensal de 0,76% a título de juros, e não 0% como é divulgado.

Para completar o "conto do juro zero", ainda temos o IOF – Imposto sobre Operações Financeiras, que equivale a 3% ao ano no crédito a pessoas físicas, desde abril de 2011, e dessa maneira o valor das parcelas de um financiamento fica ainda mais alto. Dessa forma, no exemplo anterior o indivíduo deveria ainda arcar com 3% sobre o valor financiado, o que corresponde a $R\$360{,}00$. Diluindo-se também o valor do IOF sobre as 12 parcelas, o valor do pagamento mensal seria de $R\$1.080{,}00$, o que equivale a uma cobrança mensal a título de juros mensais de 1,20% e a um acréscimo sobre o valor original da parcela (Plano 0%) de 8%.

Valor financiado	12.000,00
Período	12
valor original parcela	1.000,00
TAC	600,00
taxa de IOF	3%
valor do IOF	360,00
Valor financiado total	12.960,00
Valor parcela total	1.080,00
Juros embutidos	1,20%
Acréscimo na Parcela Original	8,00%

Cálculo de Valor Devido no Empréstimo Bancário

Um certo indivíduo, para reescalonar uma dívida existente com um banco fez um empréstimo no valor de R$ 24.056,11, para ser pago em 12 meses, com a cobrança de juros pós-fixados pela TR e juros contratuais de 3,00% a.m.

Sistema de Financiamento: PRICE

Taxa de Juros: 3,0% a.m.

Correção Monetária: TR

Período do Financiamento: 15/05/1995 a 15/05/1996

Data do vencimento da 1ªparcela: 15/06/1995

Período	Taxa (%)
15/05/1995 a 15/06/1995	3,34
15/06/1995 a 15/07/1995	2,96
15/07/1995 a 15/08/1995	2,81
15/08/1995 a 15/09/1995	2,35
15/09/1995 a 15/10/1995	1,69
15/10/1995 a 15/11/1995	1,63
15/11/1995 a 15/12/1995	1,58
15/12/1995 a 15/01/1996	1,04
15/01/1996 a 15/02/1996	1,39
15/02/1996 a 15/03/1996	0,77
15/03/1996 a 15/04/1996	0,63
15/04/1996 a 15/05/1996	0,66

Então:

A) Qual o valor da parcela sem a correção monetária?

Solução de A)

Dica

Existem pelo menos 3 maneiras de se obter o valor da parcela deste problema:

1. usando o `Atingir Meta`,
2. usando expressão analítica de P.
3. e pela função `PGTO`.

Uma forma simples de obter a parcela de um financiamento é utilizando a função PGTO. Para isso basta escolhe-la no **Assistente de Funções**: [Vide **Sistema Price**].

Disso, é suficiente preencher os campos de acordo com a figura a seguir para obter o valor da parcela de R$ 2.416,73.

B) Construa a **Tabela Price** sem correção monetária.

Solução de B)

É fácil ver que a resposta se dará na forma:[caso não lembre, veja o **Sistema Price** neste capítulo].

=PGTO(3%;12;-24056,11)

	Parcela	Juros	Amortização	Saldo Devedor
15/5/1995				24.056,11
15/6/1995	2.416,73	721,68	1.695,04	22.361,07
15/7/1995	2.416,73	670,83	1.745,89	20.615,18
15/8/1995	2.416,73	618,46	1.798,27	18.816,91
15/9/1995	2.416,73	564,51	1.852,22	16.964,69
15/10/1995	2.416,73	508,94	1.907,79	15.056,90
15/11/1995	2.416,73	451,71	1.965,02	13.091,88
15/12/1995	2.416,73	392,76	2.023,97	11.067,91
15/1/1996	2.416,73	332,04	2.084,69	8.983,22
15/2/1996	2.416,73	269,50	2.147,23	6.835,99
15/3/1996	2.416,73	205,08	2.211,65	4.624,34
15/4/1996	2.416,73	138,73	2.278,00	2.346,34
15/5/1996	2.416,73	70,39	2.346,34	-

C) Construa a **Tabela Price** com correção monetária.

Solução de C)

	A	B	C	D	E	F	G	H
1								
2	=PGTO(3%;12;-F5)*(1+H5)			=G5*3%		=G5-E6	=F5*(1+H5)	
3								
4		Nº de Parcelas	Parcela	Juros	Amortização	Saldo Devedor	Saldo Corrigido	TR (%)
5		0				24.056,11	24.858,81	3,34
6	=C6*(1+H6)	1	2.497,37	745,76	1.751,60	23.107,21	23.791,60	2,96
7		2	2.571,34	713,75	1.857,59	21.934,01	22.550,36	2,81
8		3	2.643,59	676,51	1.967,08	20.583,28	21.066,82	2,35
9		4	2.705,69	632,00	2.073,69	18.993,13	19.313,60	1,69
10		5	2.751,35	579,41	2.171,94	17.141,67	17.421,25	1,63
11		6	2.796,22	522,64	2.273,58	15.147,66	15.386,80	1,58
12		7	2.840,36	461,60	2.378,76	13.008,04	13.142,81	1,04
13		8	2.869,79	394,28	2.475,51	10.667,31	10.815,90	1,39
14		9	2.909,77	324,48	2.585,29	8.230,61	8.293,93	0,77
15		10	2.932,15	248,82	2.683,34	5.610,59	5.646,15	0,63
16		11	2.950,74	169,38	2.781,35	2.864,79	2.883,64	0,66
17		12	2.970,15	86,51	2.883,64	-		

Logo após o pagamento da segunda parcela, o indivíduo tornou-se inadimplente. Em 28/09/1995, a instituição financeira executou judicialmente esse indivíduo. Determine o valor devido ao banco em 28/09/1995, sabendo que:

D) As parcelas vencidas em 15/08/1995 e 15/09/1995 estão sujeitas desde a data de seu vencimento até 28/09/1995 a juros de 0,5% a.m.. Utilize dias corridos para o cálculo dos juros de mora.

Solução de D)

Agora iremos calcular com correção monetária, a única diferença é que o saldo devedor e as parcelas serão corrigidas mensalmente pela TR:

Período	Parcela	Juros	Amortização	Saldo Devedor	Saldo Devedor Atualizado	TR (%)
15/5/1995				24.056,11	24.858,81	3,34
15/6/1995	2.497,37	745,76	1.751,60	23.107,21	23.791,60	2,96
15/7/1995	2.571,34	713,75	1.857,59	21.934,01	22.550,36	2,81
15/8/1995	2.643,59	676,51	1.967,08	20.583,28	21.066,82	2,35
15/9/1995	2.705,69	632,00	2.073,69	18.993,13	19.313,60	1,69
15/10/1995	2.751,35	579,41	2.171,94	17.141,67	17.421,25	1,63
15/11/1995	2.796,22	522,64	2.273,58	15.147,66	15.386,80	1,58
15/12/1995	2.840,36	461,60	2.378,76	13.008,04	13.142,81	1,04
15/1/1996	2.869,79	394,28	2.475,51	10.667,31	10.815,90	1,39
15/2/1996	2.909,77	324,48	2.585,29	8.230,61	8.293,93	0,77
15/3/1996	2.932,15	248,82	2.683,34	5.610,59	5.646,15	0,63
15/4/1996	2.950,74	169,38	2.781,35	2.864,79	2.883,64	0,66
15/5/1996	2.970,15	86,51	2.883,64	-		
SOMA	**33.438,52**	**5.555,15**	**27.883,37**			

A seguir vamos efetuar o cálculo devido no financiamento em 28/09/1995, inicialmente em relação às parcelas em atraso (vencidas) e depois em relação às parcelas antecipadas (vincendas).

A - PARCELAS VINCENDAS						
	15/9/1995	TR 28/09/1995	JUROS 28/09/1995	TOTAL 28/09/1995		
SALDO	18.993,13	19.131,35	246,63	19.377,97		
B - PARCELAS VENCIDAS				Data de atualização: 28/09/1995		
	VENCIMENTO	VALOR	CORREÇÃO 28/09/1995	DIAS EM ATRASO	JUROS	TOTAL
1	15/8/1995	2.643,59	2.724,12	43	39,05	2.763,17
2	15/9/1995	2.705,69	2.724,12	13	11,80	2.735,93
						5.499,09

Sendo assim, o total devido é de A + B que é de **R$ 24.877,06.**

E) Atualizar o valor da dívida encontrada em 28/09/1995 para a data de 01/10/2015, utilizando como correção monetária os índices da **Tabela Prática do Tribunal de Justiça - TJSP** e acrescendo juros legais a título de mora.

Solução de E)

Para atualizarmos a dívida para 01/10/2015, devemos atualizar o valor encontrado em 28/09/1995 para 01/10/2015 através dos índices da **Tabela do Tribunal de Justiça do Estado de São Paulo**, e sobre o valor atualizado acrescer juros legais a título de mora, que atualmente consiste em 0,5% a.m. até 10/01/2003, e 1% a.m. a partir de 11/01/2003, capitalizados de forma simples sobre o valor corrigido até a data do efetivo pagamento.

	índice TJ
set/95	15,889632
out/15	60,101259

$$Valor_{out/15} = Valor_{set/95}\frac{i_{out/15}}{i_{set/95}} \rightarrow$$

$$Valor_{out/15} = 24.877{,}06\frac{60{,}101259}{15{,}889632} = 94.095{,}48$$

$$\text{Juros de Mora} = Valor_{out/15}\left(n_1\frac{0{,}5\%}{30} + n_2\frac{1{,}0\%}{30}\right)$$

$n_1 = n_o$ de dias de 28/09/1995 até 10/01/2003
$n_2 = n_o$ de dias de 10/01/2003 até 01/10/2015

data base	28/09/1995
data (0,5%)	10/01/2003
data atual	01/10/2015

n_1	2661
n_2	4646

	correção (A)		juros de mora (B)				A + B
data	índice	valor	n_1	juros (0,5%)	n_2	juros (0,5%)	total devido
28/09/1995	15,889632	24.877,06					
01/10/2015	60,101259	94.095,48	2661	41.731,35	4646	145.722,54	281.549,37

Assim sendo, o valor devido por esse indivíduo em 01/10/2015 é de **R$ 281.549, 37**, sendo que o valor da dívida em 28/09/1995 era de R$ 24.877,06. Note que em um pouco mais de 20 (vinte) anos essa dívida cresceu em 1031,76%.

■ Antecipação de parcelas em um financiamento

Para comprar um carro no valor de R$37.499,00, um indivíduo realiza um financiamento no período de 12 meses, a uma taxa de 3,59% a.m.
Sistema de Financiamento: PRICE
Taxa de Juros: 3,59% a.m.
Período do Financiamento: 15/01/2015 a 15/01/2016
Data do vencimento da 1ª parcela: 15/02/2015

A) No dia 15/04/2015 ele resolve quitar 3 parcelas do mesmo, que tecnicamente é antecipar as três últimas parcelas, então como deverá ficar a nova planilha de amortização após esta antecipação?

Solução de A)

Inicialmente devemos construir normalmente uma **Tabela Price** de amortização :

	Parcela	Juros	Amortização	Saldo Devedor
15/01/2015				37.499,00
15/02/2015	3.901,13	1.346,21	2.554,91	34.944,09
15/03/2015	3.901,13	1.254,49	2.646,63	32.297,45
15/04/2015	3.901,13	1.159,48	2.741,65	29.555,80
15/05/2015	3.901,13	1.061,05	2.840,07	26.715,73
15/06/2015	3.901,13	959,09	2.942,03	23.773,70
15/07/2015	3.901,13	853,48	3.047,65	20.726,05
15/08/2015	3.901,13	744,07	3.157,06	17.568,99
15/09/2015	3.901,13	630,73	3.270,40	14.298,59
15/10/2015	3.901,13	513,32	3.387,81	10.910,78
15/11/2015	3.901,13	391,70	3.509,43	7.401,35
15/12/2015	3.901,13	265,71	3.635,42	3.765,93
15/01/2016	3.901,13	135,20	3.765,93	- 0,00

Sabendo que o indivíduo antecipa o pagamento das últimas três parcelas, vamos subtrair do saldo devedor existente em 15/04 da soma das amortizações dessas parcelas. Assim a nova tabela é dada por:

	Parcela	Juros	Amortização	Saldo Devedor
15/01/2015				37.499,00
15/02/2015	3.901,13	1.346,21	2.554,91	34.944,09
15/03/2015	3.901,13	1.254,49	2.646,63	32.297,45
15/04/2015	3.901,13	1.159,48	2.741,65	18.645,02
15/05/2015	3.901,13	669,36	3.231,77	15.413,25
15/06/2015	3.901,13	553,34	3.347,79	12.065,46
15/07/2015	3.901,13	433,15	3.467,98	8.597,49
15/08/2015	3.901,13	308,65	3.592,48	5.005,01
15/09/2015	3.901,13	179,68	3.721,45	1.283,56
15/10/2015	1.329,64	46,08	1.283,56	-

=29.555,80-10.910,78

Além disso, podemos perceber que o financiamento se encerra agora no mês 10 e com parcela igual a 1.329,64, pois se fosse paga a parcela integral de 3901,13, o saldo devedor resultaria negativo, ou seja, isso significa pagar a mais para a instituição financeira. Dessa maneira, é necessário fazer um ajuste na última parcela.

SAC Pós-fixado

Um certo indivíduo, para reescalonar uma dívida existente com um banco fez um empréstimo no valor de R$ 12.000,00, para ser pago em 12 meses, com a cobrança de juros pós-fixados pela TR e juros contratuais de 2,00% a.m.

Sistema de Financiamento: SAC

Taxa de Juros: 2,0% a.m.

Correção Monetária: TR

Período do Financiamento: 08/06/1995 a 08/06/1996

Data do vencimento da 1ª parcela: 08/07/1995

Período	Taxa (%)
08/06/1995 a 08/07/1995	2,93
08/07/1995 a 08/08/1995	2,91
08/08/1995 a 08/09/1995	2,22
08/09/1995 a 08/10/1995	1,89
08/10/1995 a 08/11/1995	1,46
08/11/1995 a 08/12/1995	1,59
08/12/1995 a 08/01/1996	1,10
08/01/1996 a 08/02/1996	1,34
08/02/1996 a 08/03/1996	0,86
08/03/1996 a 08/04/1996	0,62
08/04/1996 a 08/05/1996	0,73
08/05/1996 a 08/06/1996	0,68

A) Calcule o valor da amortização sem correção monetária;

B) Construa a **Tabela SAC** sem correção monetária;

C) Construa a **Tabela SAC** com correção monetária.

Logo após o pagamento da terceira parcela, o indivíduo tornou-se inadimplente. Em 28/01/1996, a instituição financeira executou judicialmente esse indivíduo. Determine o valor devido ao banco, sabendo que:

D) As parcelas vencidas em 08/10, 08/11, 08/12 e 08/01 estão sujeitas a juros de mora de 1%

a.m. Utilize dias úteis para o cálculo dos juros de mora.

E) As parcelas vencidas em 08/10, 08/11, 08/12 e 08/01 estão sujeitas a juros de mora de 1,0% a.m. até a data de 28/01/1996. Considere para o cálculo os juros com dias corridos.

Solução de A)

Sabemos que a amortização é constante, logo $A = \frac{SaldoDevedor}{n^o meses} = R\$1.000{,}00$

Solução de B)

Sabemos que Parcela = Juros + Amortização, e juros são iguais ao modelo price. Então, nossa tabela ficará da seguinte maneira:

	Parcela	Juros	Amortização	Saldo Devedor
08/06/1995				12.000,00
08/07/1995	1.240,00	240,00	1.000,00	11.000,00
08/08/1995	1.220,00	220,00	1.000,00	10.000,00
08/09/1995	1.200,00	200,00	1.000,00	9.000,00
08/10/1995	1.180,00	180,00	1.000,00	8.000,00
08/11/1995	1.160,00	160,00	1.000,00	7.000,00
08/12/1995	1.140,00	140,00	1.000,00	6.000,00
08/01/1996	1.120,00	120,00	1.000,00	5.000,00
08/02/1996	1.100,00	100,00	1.000,00	4.000,00
08/03/1996	1.080,00	80,00	1.000,00	3.000,00
08/04/1996	1.060,00	60,00	1.000,00	2.000,00
08/05/1996	1.040,00	40,00	1.000,00	1.000,00
08/06/1996	1.020,00	20,00	1.000,00	-
SOMA	**13.560,00**	**1.560,00**	**12.000,00**	

Solução de C)

Para o caso pós-fixado, temos que o saldo devedor se corrige mensalmente pela TR, logo a amortização também se corrigirá acumulando a TR de maneira análoga, sendo assim:

	Parcela	Juros	Amortização	Saldo Devedor	Saldo Corrigido	TR (%)
08/06/1995				12.000,00	12.352,08	2,93%
08/07/1995	1.276,38	247,04	1.029,34	11.322,74	11.652,01	2,91%
08/08/1995	1.292,31	233,04	1.059,27	10.592,73	10.828,09	2,22%
08/09/1995	1.299,37	216,56	1.082,81	9.745,28	9.929,59	1,89%
08/10/1995	1.301,88	198,59	1.103,29	8.826,30	8.955,55	1,46%
08/11/1995	1.298,55	179,11	1.119,44	7.836,11	7.960,31	1,59%
08/12/1995	1.296,39	159,21	1.137,19	6.823,12	6.898,34	1,10%
08/01/1996	1.287,69	137,97	1.149,72	5.748,62	5.825,58	1,34%
08/02/1996	1.281,63	116,51	1.165,12	4.660,46	4.700,54	0,86%
08/03/1996	1.269,15	94,01	1.175,13	3.525,40	3.547,43	0,62%
08/04/1996	1.253,43	70,95	1.182,48	2.364,96	2.382,28	0,73%
08/05/1996	1.238,79	47,65	1.191,14	1.191,14	1.199,25	0,68%
08/06/1996	1.223,24	23,99	1.199,25	-		

Solução de D) e de E)

Cálculo do valor devido em 28/01/1996 das parcelas em atraso (vencidas) e das parcelas antecipadas (vincendas).

A - PARCELAS VENCIDAS									
	Parcela	08/10/1995	08/11/1995	08/12/1995	08/01/1996	28/01/1996	Dias	Juros	TOTAL
08/10/1995	1.301,88	1.301,88	1.320,94	1.341,88	1.356,67	1.368,76	112	51,10	1.419,86
08/11/1995	1.298,55	x	1.298,55	1.319,14	1.333,68	1.345,56	81	36,33	1.381,89
08/12/1995	1.296,39	x	x	1.296,39	1.310,68	1.322,36	51	22,48	1.344,84
08/01/1996	1.287,69	x	x	x	1.287,69	1.299,16	20	8,66	1.307,82
									5.454,40
B - PARCELAS VINCENDAS									
	Saldo	28/01/1996	Juros	TOTAL					
08/01/1996	5.748,62	5.799,81	77,08	5.876,89					

■ SAG Pós-fixado

Um certo indivíduo, para reescalonar uma dívida existente com um banco, fez um empréstimo no valor de R$ 16.800,00, para ser pago em 12 meses, com a cobrança de juros pós-fixados pela TR e juros contratuais de 3,00% a.m.

Sistema de Financiamento: SAG
Taxa de Juros: 3,0% a.m.
Correção Monetária: TR
Período do Financiamento: 08/06/1995 a 08/06/1996
Data do vencimento da 1ª parcela: 08/07/1995

Período	Taxa (%)
08/06/1995 a 08/07/1995	2,93
08/07/1995 a 08/08/1995	2,91
08/08/1995 a 08/09/1995	2,22
08/09/1995 a 08/10/1995	1,89
08/10/1995 a 08/11/1995	1,46
08/11/1995 a 08/12/1995	1,59
08/12/1995 a 08/01/1996	1,10
08/01/1996 a 08/02/1996	1,34
08/02/1996 a 08/03/1996	0,86
08/03/1996 a 08/04/1996	0,62
08/04/1996 a 08/05/1996	0,73
08/05/1996 a 08/06/1996	0,68

A) Construa a **Tabela SAG** sem correção monetária

B) Construa a **Tabela SAG** com correção monetária.

Logo após o pagamento da segunda parcela, o indivíduo tornou-se inadimplente. Em 20/11/1995, a instituição financeira executou judicialmente esse indivíduo. Determine o valor devido ao banco, sabendo que:

C) As parcelas vencidas em 08/09, 08/10 e 08/11 estão sujeitas a juros de mora de 1% a.m. até a data de 20/11/1995. Considere para o cálculo de juros com dias corridos.

D) As parcelas vencidas de 08/12/1995 à 08/06/1996 foram consideradas antecipadas para 20/11/1995.

Solução de A)

Sabemos que a primeira parcela se dá por $P = \frac{SaldoDevedor}{n^o demeses} * (1+i)$ e as subsequentes por $P_n = P_{n-1} * (1+i))$, logo:

	Parcela	Juros	Amortização	Saldo Devedor
08/06/1995				16.800,00
08/07/1995	1.442,00	504,00	938,00	15.862,00
08/08/1995	1.485,26	475,86	1.009,40	14.852,60
08/09/1995	1.529,82	445,58	1.084,24	13.768,36
08/10/1995	1.575,71	413,05	1.162,66	12.605,70
08/11/1995	1.622,98	378,17	1.244,81	11.360,89
08/12/1995	1.671,67	340,83	1.330,85	10.030,04
08/01/1996	1.721,82	300,90	1.420,92	8.609,12
08/02/1996	1.773,48	258,27	1.515,20	7.093,91
08/03/1996	1.826,68	212,82	1.613,87	5.480,05
08/04/1996	1.881,48	164,40	1.717,08	3.762,97
08/05/1996	1.937,93	112,89	1.825,04	1.937,93
08/06/1996	1.996,07	58,14	1.937,93	-
SOMA	**20.464,91**	**3.664,91**	**16.800,00**	

Solução de B)

Agora, basta corrigir as parcelas e o saldo devedor mensalmente pela TR :

	Parcela	Juros	Amortização	Saldo Devedor	Saldo Corrigido	TR (%)
08/06/1995				16.800,00	17.292,91	2,93
08/07/1995	1.484,31	518,79	965,52	16.327,39	16.802,19	2,91
08/08/1995	1.573,30	504,07	1.069,23	15.732,96	16.082,53	2,22
08/09/1995	1.656,50	482,48	1.174,02	14.908,51	15.190,46	1,89
08/10/1995	1.738,46	455,71	1.282,75	13.907,71	14.111,37	1,46
08/11/1995	1.816,84	423,34	1.393,50	12.717,87	12.919,45	1,59
08/12/1995	1.901,01	387,58	1.513,42	11.406,03	11.531,77	1,10
08/01/1996	1.979,62	345,95	1.633,67	9.898,10	10.030,62	1,34
08/02/1996	2.066,31	300,92	1.765,39	8.265,23	8.336,30	0,86
08/03/1996	2.146,60	250,09	1.896,51	6.439,79	6.480,04	0,62
08/04/1996	2.224,81	194,40	2.030,41	4.449,62	4.482,22	0,73
08/05/1996	2.308,34	134,47	2.173,88	2.308,34	2.324,06	0,68
08/06/1996	2.393,79	69,72	2.324,06	-		
SOMA	**23.289,88**	**4.067,52**	**19.222,36**			

Solução de C) e de D)

Cálculo do valor devido em 20/11/1995 das parcelas em atraso (vencidas) e das parcelas antecipadas (vincendas).

A - PARCELAS VENCIDAS							
	08/09/1995	08/10/1995	08/11/1995	20/11/1995	Dias	Juros	Total
08/09/1995	1.656,50	1.687,83	1.712,55	1.723,35	72	41,36	1.764,71
08/10/1995	x	1.738,46	1.763,92	1.775,05	42	24,85	1.799,90
08/11/1995	x	x	1.816,84	1.828,30	12	7,31	1.835,62
							5.400,23
B - PARCELAS VINCENDAS							
	08/11/1995	TR 20/11/1995	Juros 20/11/1995	Total 20/11/1995			
Saldo	12.717,87	12.798,12	152,22	12.950,34			

Assim o valor devido em 20/11/1995 é de R$ 12.950,34

Alemão Pós-fixado

Um certo indivíduo, para reescalonar uma dívida existente com um banco fez um empréstimo no valor de R$ 27.800,00, para ser pago em 12 meses, com a cobrança de juros pós-fixados pela TR e juros contratuais de 2,57% a.m.

Sistema de Financiamento: ALEMÃO

Taxa de Juros: 2,57% a.m.

Correção Monetária: TR

Período do Financiamento: 08/06/1995 a 08/06/1996

Data do vencimento da 1ª parcela: 08/07/1995

Período	Taxa (%)
08/06/1995 a 08/07/1995	2,93
08/07/1995 a 08/08/1995	2,91
08/08/1995 a 08/09/1995	2,22
08/09/1995 a 08/10/1995	1,89
08/10/1995 a 08/11/1995	1,46
08/11/1995 a 08/12/1995	1,59
08/12/1995 a 08/01/1996	1,10
08/01/1996 a 08/02/1996	1,34
08/02/1996 a 08/03/1996	0,86
08/03/1996 a 08/04/1996	0,62
08/04/1996 a 08/05/1996	0,73
08/05/1996 a 08/06/1996	0,68

A) Construa a tabela sem correção monetária

B) Construa a tabela com correção monetária

Logo após o pagamento da segunda parcela, o indivíduo tornou-se inadimplente. Em 20/11/1995, a instituição financeira executou judicialmente esse indivíduo. Determine o valor devido ao banco, sabendo que:

C) As parcelas vencidas em 08/09 e 08/10 estão sujeitas a juros de mora de 1% a.m até a data de 20/11/1995. Considere para o cálculo os juros com dias corridos.

D) As parcelas vencidas de 08/11/1995 à 08/06/1996 foram consideradas antecipadas para 20/10/1995.

Solução de A)

No **Sistema Alemão**, temos que primeiramente calcular a amortização, que é dada pela fórmula:

$$A = \frac{V * i}{(1-i)^{(1-n)} - (1-i)},$$

e que:

$$A_k = \frac{A_{k-1}}{(1-i)},$$

Além disso, nesse tipo de financiamento os juros são calculados por: $J_k = i * S_k$

Sendo assim, temos que nossa tabela sem correção monetária se dá por:

	Parcela	Juros	Amortização	Saldo Devedor
15/01/2015		714,46		27.800,00
15/02/2015	2.662,57	663,07	1.999,50	25.800,50
15/03/2015	2.662,57	610,33	2.052,24	23.748,26
15/04/2015	2.662,57	556,20	2.106,37	21.641,89
15/05/2015	2.662,57	500,63	2.161,93	19.479,96
15/06/2015	2.662,57	443,61	2.218,96	17.260,99
15/07/2015	2.662,57	385,08	2.277,49	14.983,50
15/08/2015	2.662,57	325,00	2.337,57	12.645,93
15/09/2015	2.662,57	263,34	2.399,23	10.246,70
15/10/2015	2.662,57	200,05	2.462,52	7.784,18
15/11/2015	2.662,57	135,10	2.527,47	5.256,71
15/12/2015	2.662,57	68,43	2.594,14	2.662,57
15/01/2016	2.662,57	0,00	2.662,57	0,00

Solução de B)

Estabelecendo agora a correção monetária, que é dada pela TR, temos que sempre atualizar o saldo devedor e a amortização pelo mesmo índice, sendo assim:

	Parcela	Juros	Amortização	Saldo Devedor	Saldo Devedor Corrigido	TR (%)
15/01/2015		714,46		27.800,00	28.615,65	2,93
15/02/2015	2.740,69	682,53	2.058,16	26.557,49	27.329,78	2,91
15/03/2015	2.820,39	646,51	2.173,88	25.155,90	25.714,84	2,22
15/04/2015	2.883,06	602,25	2.280,80	23.434,04	23.877,22	1,89
15/05/2015	2.937,58	552,34	2.385,24	21.491,99	21.806,72	1,46
15/06/2015	2.980,60	496,59	2.484,00	19.322,71	19.628,98	1,59
15/07/2015	3.027,84	437,90	2.589,94	17.039,04	17.226,88	1,10
15/08/2015	3.061,22	373,66	2.687,56	14.539,32	14.733,97	1,34
15/09/2015	3.102,20	306,82	2.795,38	11.938,59	12.041,25	0,86
15/10/2015	3.128,88	235,09	2.893,79	9.147,46	9.204,63	0,62
15/11/2015	3.148,43	159,75	2.988,68	6.215,95	6.261,48	0,73
15/12/2015	3.171,49	81,51	3.089,99	3.171,49	3.193,09	0,68
15/01/2016	3.193,09	- 0,00	3.193,09	- 0,00	- 0,00	

Solução de C) e de D)

Cálculo do valor devido em 20/11/1995 das parcelas em atraso (vencidas) e das parcelas antecipadas (vincendas):

A - PARCELAS VENCIDAS						
	15/09/1995	15/10/1995	20/10/1995	Dias	Juros	Total
15/09/1995	3.102,20	3.128,88	3.132,13	35	36,54	3.168,67
15/10/1995	x	3.128,88	3.132,13	5	5,22	3.137,35
						6.306,02
B - PARCELAS VINCENDAS						
	15/10/1995	TR 20/10/1995	Juros 20/10/1995	Total 20/10/1995		TOTAL DEVIDO
Saldo	8.912,37	8.921,63	37,81	8.959,44		15.265,46

TOTAL DEVIDO EM 20/10/1995

vencidas	6.306,02
vincendas	8.973,36
Total	15.279,38

Logo, o valor devido em 20/10/1995 é de R$ 15.279,38

5.8 Exercícios

SAC Pré-fixado

Se uma instituição financeira conceder um crédito no valor de R$ 18.000,00, para ser pago em 8 parcelas, com as seguintes condições: vencimento da 1ª parcela em 30 dias e juros mensais de 1,50% a.m., então:

Sistema de financiamento: SAC

Taxa de juros: 1,50% a.m.

Período do financiamento: 15/09/2015 a 15/05/2016

Data do vencimento da 1ª parcela: 15/10/2015

A) Qual o valor da amortização mensal caso queira que ela seja a mesma para todas as parcelas?

B) Qual o valor de cada parcela e do juro incorporado nelas?

SAG Pós-fixado

Um certo indivíduo, para reescalonar uma dívida existente com o banco realizou um empréstimo de R$10,000,00, para ser pago em 6 meses com as seguintes condições:

Sistema de financiamento: SAG

Taxa de juros: 2,0% a.m.

Correção monetária: TR

Período do financiamento: 15/09/1995 a 15/05/1996

Data do vencimento da 1ª parcela: 15/10/1995

A) Construa a tabela de amortização geométrica sem correção monetária.

B) Construa a tabela de amortização geométrica com correção monetária, usando os seguintes valores de TR:

Período	TR (%)
15/09/1995 a 15/10/1995	1,69
15/10/1995 a 15/11/1995	1,63
15/11/1995 a 15/12/1995	1,58
15/12/1995 a 15/01/1996	1,04
15/01/1996 a 15/02/1996	1,39
15/02/1996 a 15/03/1996	0,77
15/03/1996 a 15/04/1996	0,63
15/04/1996 a 15/05/1996	0,66

C) Em que período a parcela do SAG ultrapassa a parcela do **Sistema Price**?

D) Sabendo que o devedor não chegou a pagar nem a 1ª parcela e que em 30/12/1995, a instituição financeira executou judicialmente esse indivíduo. Determine o valor devido ao banco, sabendo que:

- As parcelas vencidas em 15/10, 15/11 e 15/12 estão sujeitas a juros de 1% a.m..
- As parcelas vencidas de 15/12/1995 a 15/05/1996 foram consideradas antecipadas para 30/12/1995.
- Sobre o montante devido existe uma multa contratual de 10%.

■ Amortização mista - SAM

Um indivíduo, para reescalonar uma dívida existente fez um empréstimo no valor de R$ 10.000,00, para ser pago em 8 meses com as seguintes características:

Sistema de financiamento: SAM

Taxa de juros: 2,0% a.m.

Correção monetária: TR

Período do financiamento: 15/09/1995 a 15/05/1996

Data do vencimento da 1ª parcela: 15/10/1995

A) Construa a tabela de amortização mista sem correção monetária.

B) Construa a tabela de amortização mista com correção monetária.

Período	TR (%)
15/09/1995 a 15/10/1995	1,69
15/10/1995 a 15/11/1995	1,63
15/11/1995 a 15/12/1995	1,58
15/12/1995 a 15/01/1996	1,04
15/01/1996 a 15/02/1996	1,39
15/02/1996 a 15/03/1996	0,77
15/03/1996 a 15/04/1996	0,63
15/04/1996 a 15/05/1996	0,66

C) Calcule o período onde a parcela passa a ser menor que o valor da parcela no **Sistema Price**.

D) Sabendo que o indivíduo chegou a pagar apenas a 1ª parcela e que em 20/12/1995 a instituição financeira executou judicialmente esse indivíduo. Determine o valor devido ao banco, sabendo que:

- As parcelas vencidas em 15/11 e 15/12 estão sujeitas a juros de 1% a.m. e correção pela TR.

- As parcelas vencidas de 15/12/1995 a 15/05/1996 foram consideradas antecipadas para 30/12/1995 e sobre o montante devido existe uma multa contratual de 2,0%.

Sistema Alemão de Amortização

Seja uma pessoa com uma dívida de R$ 12.000,00 para serem pagos em 12 meses sobre as seguintes condições:

Sistema de financiamento: ALEMÃO

Taxa de juros: 3,0% a.m.

Correção monetária: TR.

Período do financiamento: 08/06/1995 a 08/06/1996.

Data do vencimento da 1ª parcela : 08/07/1995.

A) Elabore uma tabela de amortização para este financiamento sem correção monetária.

B) Elabore uma tabela de amortização para este financiamento com correção monetária baseada na seguinte tabela:

Período	Taxa (%)
08/06/1995 a 08/07/1995	2,93
08/07/1995 a 08/08/1995	2,91
08/08/1995 a 08/09/1995	2,22
08/09/1995 a 08/10/1995	1,89
08/10/1995 a 08/11/1995	1,46
08/11/1995 a 08/12/1995	1,59
08/12/1995 a 08/01/1996	1,10
08/01/1996 a 08/02/1996	1,34
08/02/1996 a 08/03/1996	0,86
08/03/1996 a 08/04/1996	0,62
08/04/1996 a 08/05/1996	0,73
08/05/1996 a 08/06/1996	0,68

Tabela 5.2: Alemão TR

Sistemas de Financiamento Equivalentes

Um determinado bem pode ser adquirido por R$ 10.000,00 à vista ou por quatro planos equivalentes de financiamento a uma taxa de 10% ao ano e que apresentam os esquemas de pagamentos vistos na tabela.

Ano	Plano A	Plano B	Plano C	Plano D
1	2.000,00	2.000,00	1.500,00	3.000,00
2	2.900,00	2.400,00	1.950,00	2.800,00
3	2.700,00	2.750,00	2.850,00	2.600,00
4	3.500,00	3.050,00	3.650,00	2.400,00
5	2.200,00	3.300,00	3.850,00	2.200,00
TOTAL	13.300,00	15.500,00	13.800,00	13.000,00

A) Elaborar uma tabela para esses quatro planos de financiamentos, que permita obter os pagamentos anuais em juros e amortização, à taxa de 10% ao ano, e que ainda forneça o saldo devedor no final de cada ano antes e depois de cada pagamento.

B) Se o saldo devedor for corrigido mensalmente em 3% a.m. e as prestações a cada 2 meses, então calcule o resíduo do financiamento. É possível antecipar esse resíduo de tal forma que o saldo final seja zero?

Sistemas de Financiamento Recorrentes

Dado o seguinte plano de financiamento com os seguintes dados:

Principal: R$ 1.000,00

Taxa de juros: 2,0% a.m.

Período do financiamento: 10/01/2012 a 10/06/2012

A) Determine as cinco prestações mensais deste plano de financiamento que obedeça aos seguintes critérios:

I. Os juros de cada mês devem ser calculados sobre o saldo devedor no início de cada mês, imediatamente após o pagamento da prestação.

II. A prestação mensal é obtida através do saldo devedor, imediatamente antes do pagamento, pelo número de prestações a pagar. Assim a 1ª prestação é igual a (1.000,00 + 20,00)/5 etc. Desdobrar as cinco prestações em juros e amortização.

Cálculo de Parcela e Saldo Devedor sem o uso das Tabelas de Amortização

De acordo com as seguintes condições deste plano de pagamento:

Principal: R$ 10.000,00

Taxa de juros: 5,0% a.m.

Período do financiamento: 5 meses

A) Desenvolva uma tabela de planos equivalentes de financiamentos considerando os planos: Price, SAG, SAC e SAM

Consideremos um financiamento de R$ 500.000,00, no prazo de 40 meses, a uma taxa de 3% ao mês. Determine pelos sitemas Price, SAC, SAG e SAM:

A) Os valores das 14^a e da 20ª prestações e as parcelas de juros nelas contidas;

B) O valor do **Saldo Devedor** após o pagamento da 25ª parcela.

Financiamento do carro

Um indivíduo resolveu fazer um financiamento para comprar um carro no valor de R$ 30.470,00, para ser pago em 12 meses, sendo que deveria pagar 20% do valor do carro como entrada. O contrato tinha as seguintes condições:

Sistema de Financiamento: PRICE

Taxa de Juros: 2,3 % a.m.

Período do Financiamento: 10/02/2013 a 10/02/2014

Data do vencimento da 1ª parcela : 10/03/2013

A) Elabore uma tabela de amortização para esse financiamento;

B) Logo após o pagamento da quarta parcela, o indivíduo renegociou o saldo devedor, agora utilizando o sistema SAG em 12 parcelas, a uma taxa de 2,0% a.m. Esse indivíduo pretende quitar o automóvel em 25/01/2014, então quanto ele deverá pagar ao banco se a 1ª parcela desse novo financiamento venceu em 10/07/2013? Obs: Utilize para o cálculo de juros "dias corridos".

Complete a Planilha

C) Calcular a e p e completar a planilha de amortização abaixo.

Mês	Pgto	Juros	Amortização	Saldo
0				100,00
1		5,00	a	
2			3a	
3				60,00
4	p			
5	p+10			-

Na tabela acima, suponha uma atualização do saldo devedor em 1,0% a.m. e que as parcelas sejam mantidas as mesmas. Qual o valor do resíduo desse sistema pós-fixado?

Financiamento do carro usando SAG

Um indivíduo resolveu fazer um financiamento para comprar um carro no valor de R$ 44.990,00, para ser pago em 12 meses, sendo que deveria pagar 30% do valor do carro como entrada. O contrato tinha as seguintes condições:

Sistema de Financiamento: SAG

Taxa de Juros: 0,99% a.m.

Período do Financiamento: 20/02/2013 a 20/02/2014

Data do vencimento da 1ª parcela : 20/03/2013

A) Elabore uma tabela de amortização para esse financiamento;

B) Em 30/09/2013, o indivíduo renegociou o saldo devedor, agora utilizando o **sistema PRICE** em 24 parcelas, a uma taxa de 0,49% a.m.. Se esse indivíduo pretende quitar o automóvel em 10/09/2014, quanto ele deverá pagar ao banco se a 1ª parcela desse novo financiamento venceu em 30/10/2013?

Plano 0%, dá para acreditar?

Um fabricante de automóveis está liquidando todos os seus carros através de um Feirão de Fábrica com o famoso **plano 0%**. Se o preço de tabela de um automóvel é de R$ 29.631,00, então:

A) Calcule o valor real do carro e a taxa de desconto que está sendo concedida, sabendo que o **plano 0%** corresponde a uma entrada de 30% de valor do carro, e ao parcelamento do restante em 12 prestações iguais e sem juros, com vencimento da 1ª parcela daqui a 60 dias.

B) Caso um banco financie esse carro à uma taxa de 0,49%, sob as mesmas condições (30% de entrada e 12 parcelas iguais e vencimento da 1ª parcela daqui a 60 dias), então nesse caso, qual seria a taxa de desconto concedida em relação ao valor do financiamento? Para estabelecer a comparação utilize a taxa financeira de 1,49% a.m..

Pagamento como prestações a pagar

Dado o seguinte plano de financiamento com os seguintes dados:

Principal: R$ 5.000,00

Taxa de juros: 2,0% a.m.

Período do financiamento: 08/06/2013 a 08/11/2013

A) Determine as cinco prestações mensais deste plano de financiamento, que obedeça aos seguintes critérios:

I. Os juros de cada mês devem ser calculados sobre o saldo devedor no início de cada mês, imediatamente após o pagamento da prestação;

II. A prestação mensal é obtida através do saldo devedor, imediatamente antes do pagamento, pelo número de prestações a pagar. Assim, a 1ª prestação é igual a (5.000,00 + 100,00) / 5 etc. Desdobrar as cinco prestações em juros e amortização.

III. Se o saldo devedor for corrigido mensalmente em 1,5% a.m. e as prestações FOREM MANTIDAS FIXAS, então sob essas condições, determine o **Saldo Devedor** após o pagamento da quinta parcela.

Sistema Alemão de Amortização

Um indivíduo resolveu fazer um financiamento para comprar um carro no valor de R$ 55.990,00, para ser pago em 12 meses, sendo que deveria pagar 30% do valor do carro como entrada. O contrato tinha as seguintes condições:

Sistema de Financiamento: ALEMÃO

Taxa de Juros: 0,99% a.m.

Período do Financiamento: 10/08/2013 a 10/08/2014

Data do vencimento da 1ª parcela : 10/09/2013

A) Elabore uma tabela de amortização para esse financiamento;

B) Se esse indivíduo pretende quitar esse automóvel em 25/03/2014, então quanto ele deverá pagar ao banco?

Suponhamos que este indivíduo deseje entrar para o grupo de 50 meses para poder comprar esse carro, então:

C) Se ele recebe hoje um salário de R$ 2.000,00, o qual deverá ser rea-justado semestralmente em 4% daqui em diante, se ele dispõe de no máximo 50% do salário para o consórcio, então qual poderá ser o índice máximo de reajuste anual do carro de maneira que ele não desista de pagar tal consórcio? Obs.: Supor que a prestação do consórcio = valor do carro/50, que o carro e o salário tenham reajustes sincronizados de 12 em 12 meses e o primeiro reajuste salarial ocorra daqui a 6 meses.

D) Quanto ele deverá depositar mensalmente em uma poupança para que consiga comprar esse mesmo carro daqui a 30 meses? (Vamos supor que a poupança tenha um rendimento de 1,0% a.m, e que o carro tenha um reajuste anual de 8,0%). O primeiro depósito deverá ocorrer daqui a 30 dias e o primeiro reajuste do carro daqui a 12 meses.

■ Taxa LIBOR

Você sabia?

A London Interbank Offered Rate (LIBOR) é a taxa de juros oferecida para grandes empréstimos entre os bancos internacionais que operam no mercado londrino. Em geral, é a taxa utilizada como base de remuneração para empréstimos em dólares para empresas.

Um indivíduo fez um contrato SAC Pós-fixado, em US$, em 13/10/1998 no valor de US$ 512.820,00, para ser pago em 10 parcelas, sendo que a primeira amortização seria feita somente em 18 meses.

A) Preencha corretamente a tabela, sabendo que a taxa de juros foi de 1,3% a.a. + LIBOR e que a cobrança de juros é feita com o número de dias corridos.

Mês	Vencimento	Dias	Taxa LIBOR (%)	Amortização	Juros	Parcela
1	13/04/1999		5,78		18.544,72	18.544,72
2	13/10/1999	183	5,11		16.878,60	16.878,60
3	13/04/2000	183	6,13	64.102,50		
4	13/10/2000			64.102,50	17.997,04	
5	13/04/2001	186	6,76	64.102,50		
6	13/10/2001			64.102,50	9.644,93	
7	13/04/2002			64.102,50	4.866,74	
8	13/10/2002	183	2,27	64.102,50	3.583,90	
9	13/04/2003	180	1,75	64.102,50	2.032,01	64.997,05
10	13/10/2003	183	6,41	-		

Cálculo Atualizado da Dívida no Banco

Um certo indivíduo, para reescalonar uma dívida existente com um banco fez um empréstimo no valor de R$ 12.000,00, para ser pago em 12 meses, com a cobrança de juros pós-fixados pela TR de 2,00% a.m.

Sistema de Financiamento: PRICE

Taxa de Juros: 2,0% a.m.

Correção Monetária: TR

Período do Financiamento: 15/05/1995 a 15/05/1996

Data do vencimento da 1ª parcela: 15/06/1995

TABELA 1: CORREÇÃO MONETÁRIA (TR)

Período	TR (%)
15/05/1995 a 15/06/1995	3,34
15/06/1995 a 15/07/1995	2,96
15/07/1995 a 15/08/1995	2,81
15/08/1995 a 15/09/1995	2,35
15/09/1995 a 15/10/1995	1,69
15/10/1995 a 15/11/1995	1,63

Período	TR (%)
15/11/1995 a 15/12/1995	1,58
15/12/1995 a 15/01/1996	1,04
15/01/1996 a 15/02/1996	1,39
15/02/1996 a 15/03/1996	0,77
15/03/1996 a 15/04/1996	0,63
15/04/1996 a 15/05/1996	0,66

A) Calcule o valor da **Parcela** sem correção monetária;

B) Construa a **Tabela de Financiamentos** sem correção monetária;

C) Construa a **Tabela de Financiamentos** com correção monetária.

D) Logo após o pagamento da segunda parcela, o indivíduo tornou-se inadimplente. Em 28/11/1995, a instituição financeira executou judicialmente esse indivíduo. Determine o valor devido ao banco, sabendo que:

I. As parcelas vencidas em 15/08, 15/09,15/10 e 15/11 estão sujeitas a juros de mora de 1% a.m.;

II. As parcelas vencidas de 15/10/1995 a 15/05/1996 foram consideradas antecipadas para 28/11/1995.

E) Faça uma atualização do valor da dívida para 01/07/2015 usando a **Tabela do Tribunal de Justiça do Estado de São Paulo** (`http://www.tjsp.jus.br/Download/Tabelas/TabelaDebitosJudiciais.pdf`), com juros moratórios de 0,5% a.m. até 10/01/2003 e de 1,0% a partir de 11/01/2003.

■ Amortização Algébrica

F) Mostrar que se pode obter um plano de amortização fazendo-se $p_k = s_{k-1}(1+i)/(n-k+1), k = 1,2,3,...,n.$.

G) Construir uma planilha de amortização de um principal de 1000 em cinco pagamentos para o item anterior.

5.9 Tabela para a Correção Monetária de Dívidas Judiciais

Com o objetivo de facilitar as correções monetárias de dívidas judiciais, os Tribunais de Justiça disponibilizam, em seus portais na internet, a página denominada **Tabela Prática**. Nela, é possível encontrar os fatores que determinam as correções monetárias através dos índices adotados, como também os padrões monetários que foram adotados em todas as épocas.

Para calcular o valor de um débito/crédito em uma data específica, basta selecionar na tabela o mês e o ano, e os índices nas datas envolvidas, a de homologação da sentença ou acordo, e a data do pagamento a ser efetivado. Assim, por exemplo, se um determinado indivíduo teve o valor de sentença de R$ 10.000,00 homologado em 10/12/2010 e deseja fazer a atualização monetária para 10/10/2015, então deverá encontrar na Tabela Prática os valores dos índices para dez/2010 e out/2015 e realizar o seguinte cálculo:

$$Valor_{out2015} = Valor_{dez2010} \cdot \frac{indice_{out2015}}{indice_{dez2010}}$$

$$Valor_{out2015} = 10.000{,}00 \frac{60{,}40777}{43{,}914759} = 13.755{,}69$$

Note que a taxa $i = \frac{60{,}407775}{43{,}914759} - 1 = 37{,}5\%$ corresponde exatamente à variação do índice de correção monetária utilizado para compor a tabela. Nesse exemplo foram utilizados os índices da Tabela Prática do Tribunal de Justiça de São Paulo e que no período em questão utilizou o INPC (IBGE) para corrigir a tabela.

	2008	2009	2010	2011	2012	2013	2014	2015	2016
JAN	37,429911	39,855905	41,495485	44,178247	46,864232	49,768770	52,537233	55,809388	
FEV	37,688177	40,110982	41,860645	44,593522	47,103239	50,226642	52,868217	56,635366	
MAR	37,869080	40,235326	42,153669	44,834327	47,286941	50,487820	53,206573	57,292336	
ABR	38,062212	40,315796	42,452960	45,130233	47,372057	50,790746	53,642866	58,157450	
MAI	38,305810	40,537532	42,762866	45,455170	47,675238	51,090411	54,061280	58,570367	
JUN	38,673545	40,780757	42,946746	45,714264	47,937451	51,269227	54,385647	59,150213	
JUL	39,025474	40,952036	42,899504	45,814835	48,062088	51,412780	54,527049	59,605669	
AGO	39,251821	41,046225	42,869474	45,814835	48,268754	51,345943	54,597934	59,951381	
SET	39,334249	41,079061	42,839465	46,007257	48,485963	51,428096	54,696210	60,101259	
OUT	39,393250	41,144787	43,070798	46,214289	48,791424	51,566951	54,964221	60,407775	
NOV	39,590216	41,243534	43,467049	46,362174	49,137843	51,881509	55,173085	60,872914	
DEZ	39,740658	41,396135	43,914759	46,626438	49,403187	52,161669	55,465502		

DIRETORIA DE EXECUÇÃO DE PRECATÓRIOS E CÁLCULOS

Em cumprimento ao Comunicado da Egrégia Presidência do Tribunal de Justiça, publicado no D.O.J. de 24 e 28 de junho de 1.993 e rr. decisões do Colendo Superior Tribunal de Justiça, segue a TABELA OFICIAL ATUALIZADA aplicável nos cálculos judiciais, exceto para aqueles com normas específicas estabelecidas por lei ou com r. decisão transitada em julgado estabelecendo critério e índices diferentes.

TABELA PRÁTICA PARA CÁLCULO DE ATUALIZAÇÃO MONETÁRIA DOS DÉBITOS JUDICIAIS
Tabela editada em face da Jurisprudência ora predominante

	1964	1965	1966	1967	1968	1969	1970
JAN	----------	11.300,00	16.600,00	23.230,00	28,48	35,62	42,35
FEV	----------	11.300,00	17.050,00	23,78	28,98	36,27	43,30
MAR	----------	11.300,00	17.300,00	24,28	29,40	36,91	44,17
ABR	----------	13.400,00	17.600,00	24,64	29,83	37,43	44,67
MAI	----------	13.400,00	18.280,00	25,01	30,39	38,01	45,08
JUN	----------	13.400,00	19.090,00	25,46	31,20	38,48	45,50
JUL	----------	15.200,00	19.870,00	26,18	32,09	39,00	46,20
AGO	----------	15.200,00	20.430,00	26,84	32,81	39,27	46,61
SET	----------	15.700,00	21.010,00	27,25	33,41	39,56	47,05
OUT	10.000,00	15.900,00	21.610,00	27,38	33,88	39,92	47,61
NOV	10.000,00	16.050,00	22.180,00	27,57	34,39	40,57	48,51
DEZ	10.000,00	16.300,00	22.690,00	27,96	34,95	41,42	49,54

	1971	1972	1973	1974	1975	1976	1977
JAN	50,51	61,52	70,87	80,62	106,76	133,34	183,65
FEV	51,44	62,26	71,57	81,47	108,38	135,90	186,83
MAR	52,12	63,09	72,32	82,69	110,18	138,94	190,51
ABR	52,64	63,81	73,19	83,73	112,25	142,24	194,83
MAI	53,25	64,66	74,03	85,10	114,49	145,83	200,45
JUN	54,01	65,75	74,97	86,91	117,13	150,17	206,90
JUL	55,08	66,93	75,80	89,80	119,27	154,60	213,80
AGO	56,18	67,89	76,48	93,75	121,31	158,55	219,51
SET	57,36	68,46	77,12	98,22	123,20	162,97	224,01
OUT	58,61	68,95	77,87	101,90	125,70	168,33	227,15
NOV	59,79	69,61	78,40	104,10	128,43	174,40	230,30
DEZ	60,77	70,07	79,07	105,41	130,93	179,68	233,74

	1978	1979	1980	1981	1982	1983	1984
JAN	238,32	326,82	487,83	738,50	1.453,96	2.910,93	7.545,98
FEV	243,35	334,20	508,33	775,43	1.526,66	3.085,59	8.285,49
MAR	248,99	341,97	527,14	825,83	1.602,99	3.292,32	9.304,61
ABR	255,41	350,51	546,64	877,86	1.683,14	3.588,63	10.235,07
MAI	262,87	363,64	566,86	930,53	1.775,71	3.911,61	11.145,99
JUN	270,88	377,54	586,13	986,36	1.873,37	4.224,54	12.137,98
JUL	279,04	390,10	604,89	1.045,54	1.976,41	4.554,05	13.254,67
AGO	287,58	400,71	624,25	1.108,27	2.094,99	4.963,91	14.619,90
SET	295,57	412,24	644,23	1.172,55	2.241,64	5.385,84	16.169,61
OUT	303,29	428,80	663,56	1.239,39	2.398,55	5.897,49	17.867,42
NOV	310,49	448,47	684,79	1.310,04	2.566,45	6.469,55	20.118,71
DEZ	318,44	468,71	706,70	1.382,09	2.733,27	7.012,99	22.110,46

	1985	1986	1987	1988	1989	1990	1991
JAN	24.432,06	80.047,66	129,98	596,94	6,170000	102,527306	1.942,726347
FEV	27.510,50	93.039,40	151,85	695,50	8,805824	160,055377	2.329,523162
MAR	30.316,57	106,40	181,61	820,42	9,698734	276,543680	2.838,989877
ABR	34.166,77	106,28	207,97	951,77	10,289386	509,725310	3.173,706783
MAI	38.208,46	107,12	251,56	1.135,27	11,041540	738,082248	3.332,709492
JUN	42.031,56	108,61	310,53	1.337,12	12,139069	796,169320	3.555,334486
JUL	45.901,91	109,99	366,49	1.598,26	15,153199	872,203490	3.940,377210
AGO	49.396,88	111,31	377,67	1.982,48	19,511259	984,892180	4.418,739003
SET	53.437,40	113,18	401,69	2.392,06	25,235862	1.103,374709	5.108,946035
OUT	58.300,20	115,13	424,51	2.966,39	34,308154	1.244,165321	5.906,963405
NOV	63.547,22	117,32	463,48	3.774,73	47,214881	1.420,836796	7.152,151290
DEZ	70.613,67	121,17	522,99	4.790,89	66,771284	1.642,203168	9.046,040951

	1992	1993	1994	1995	1996	1997	1998
JAN	11.230,659840	140.277,063840	3.631,929071	13,851199	16,819757	18,353215	19,149765
FEV	14.141,646870	180.634,775106	5.132,642163	14,082514	17,065325	18,501876	19,312538
MAR	17.603,522023	225.414,135854	7.214,955088	14,221930	17,186488	18,585134	19,416825
ABR	21.409,403484	287.583,354522	10.323,157739	14,422459	17,236328	18,711512	19,511967
MAI	25.871,123170	369.170,752199	14.747,663145	14,699370	17,396625	18,823781	19,599770
JUN	32.209,548346	468.034,679637	21.049,339606	15,077143	17,619301	18,844487	19,740888
JUL	38.925,239176	610.176,811842	11,346741	15,351547	17,853637	18,910442	19,770499
AGO	47.519,931986	799,392641	12,036622	15,729195	18,067880	18,944480	19,715141
SET	58.154,892764	1.065,910147	12,693821	15,889632	18,158219	18,938796	19,618536
OUT	72.100,436048	1.445,693932	12,885497	16,075540	18,161850	18,957734	19,557718
NOV	90.897,019725	1.938,964701	13,125167	16,300597	18,230865	19,012711	19,579231
DEZ	111.703,347540	2.636,991993	13,554359	16,546736	18,292849	19,041230	19,543988

	1999	2000	2001	2002	2003	2004	2005	2006	2007
JAN	19,626072	21,280595	22,402504	24,517690	28,131595	31,052744	32,957268	34,620735	35,594754
FEV	19,753641	21,410406	22,575003	24,780029	28,826445	31,310481	33,145124	34,752293	35,769168
MAR	20,008462	21,421111	22,685620	24,856847	29,247311	31,432591	33,290962	34,832223	35,919398
ABR	20,264570	21,448958	22,794510	25,010959	29,647999	31,611756	33,533986	34,926270	36,077443
MAI	20,359813	21,468262	22,985983	25,181033	30,057141	31,741364	33,839145	34,968181	36,171244
JUN	20,369992	21,457527	23,117003	25,203695	30,354706	31,868329	34,076019	35,013639	36,265289
JUL	20,384250	21,521899	23,255705	25,357437	30,336493	32,027670	34,038535	34,989129	36,377711
AGO	20,535093	21,821053	23,513843	25,649047	30,348627	32,261471	34,048746	35,027617	36,494119
SET	20,648036	22,085087	23,699602	25,869628	30,403254	32,422778	34,048746	35,020611	36,709434
OUT	20,728563	22,180052	23,803880	26,084345	30,652560	32,477896	34,099819	35,076643	36,801207
NOV	20,927557	22,215540	24,027636	26,493869	30,772104	32,533108	34,297597	35,227472	36,911610
DEZ	21,124276	22,279965	24,337592	27,392011	30,885960	32,676253	34,482804	35,375427	37,070329

	2008	2009	2010	2011	2012	2013	2014	2015	2016
JAN	37,429911	39,855905	41,495485	44,178247	46,864232	49,768770	52,537233	55,809388	
FEV	37,688177	40,110982	41,860645	44,593522	47,103239	50,226642	52,868217	56,635366	
MAR	37,869080	40,235326	42,153669	44,834327	47,286941	50,487820	53,206573	57,292336	
ABR	38,062212	40,315796	42,452960	45,130233	47,372057	50,790746	53,642866	58,157450	
MAI	38,305810	40,537532	42,762866	45,455170	47,675238	51,090411	54,061280	58,570367	
JUN	38,673545	40,780757	42,946746	45,714264	47,937451	51,269227	54,385647	59,150213	
JUL	39,025474	40,952036	42,899504	45,814835	48,062088	51,412780	54,527049	59,605669	
AGO	39,251821	41,046225	42,869474	45,814835	48,268754	51,345943	54,597934	59,951381	
SET	39,334249	41,079061	42,839465	46,007257	48,485963	51,428096	54,696210	60,101259	
OUT	39,393250	41,144787	43,070798	46,214289	48,791424	51,566951	54,964221	60,407775	
NOV	39,590216	41,243534	43,467049	46,362174	49,137843	51,881509	55,173085	60,872914	
DEZ	39,740658	41,396135	43,914759	46,626438	49,403187	52,161669	55,465502		

OBSERVAÇÃO I - Dividir o valor a atualizar (observar o padrão monetário vigente à época) pelo fator do mês do termo inicial e multiplicar pelo fator do mês do termo final, obtendo-se o resultado na moeda vigente na data do termo final, não sendo necessário efetuar qualquer conversão. Esclarecendo que, nesta tabela, não estão incluídos os juros moratórios, apenas a correção monetária.

PADRÕES MONETÁRIOS A CONSIDERAR:
Cr$ (cruzeiro): de out/64 a jan/67
NCr$ (cruzeiro novo): de fev/67 a mai/70
Cr$ (cruzeiro): de jun/70 a fev/86
Cz$ (cruzado): de mar/86 a dez/88
NCz$ (cruzado novo): de jan/89 a fev/90
Cr$ (cruzeiro): de mar/90 a jul/93
CR$ (cruzeiro real): de ago/93 a jun/94
R$ (real): de jul/94 em diante

Exemplo:
Atualização, até novembro de 2015, do valor de Cz$1.000,00 fixado em janeiro de 1988
Cz$1.000,00 : 596,94 (janeiro/1988) x 60,872914 (novembro/2015) = R$101,97

OBSERVAÇÃO II - Os fatores de atualização monetária foram compostos pela aplicação dos seguintes índices:
Out/64 a fev/86: ORTN
Mar/86 e mar/87 a jan/89: OTN
Abr/86 a fev/87: OTN "pro-rata"
Fev/89: 42,72% (conforme STJ, índice de jan/89)
Mar/89: 10,14% (conforme STJ, índice de fev/89)
Abr/89 a mar/91: IPC do IBGE (de mar/89 a fev/91)
Abr/91 a jul/94: INPC do IBGE (de mar/91 a jun/94)
Ago/94 a jul/95: IPC-r do IBGE (de jul/94 a jun/95)
Ago/95 em diante: INPC do IBGE (de jul/95 em diante), sendo que, com relação à aplicação da deflação, a matéria ficará "Sub judice".

OBSERVAÇÃO III - Aplicação do índice de 10,14%, relativo ao mês de fevereiro de 1989, ao invés de 23,60%, em cumprimento ao decidido no Processo G-36.676/02

6

Análise de Investimentos

Neste capítulo vamos abordar algumas aplicações dos conceitos de Matemática Financeira apresentados nos capítulos anteriores, introduzindo critérios de avaliações para a comparação de investimentos.

6.1 Introdução

O ponto central é: por que investir? Ou qual o objetivo de uma empresa que pretende investir?

Vamos definir o investimento como sendo o ato da aplicação de um determinado recurso, de forma que não proporciona retorno presente, na expectativa de que possa ocorrer um adequado no futuro. Dessa forma, é necessário estabelecer métodos de comparação e critérios de decisão que permitam representar cada alternativa por um número e que indiquem não só se as alternativas são viáveis, como também qual a solução mais vantajosa.

Cada investimento será representado por um fluxo de caixa que segue direções diferentes (entrada ou saída), sujeitas aos riscos do negócio investido ao longo do tempo, e nos ocuparemos em relacionar esse fluxo de dinheiro, a fim de fazer considerações sobre formas distintas de aplicá-lo. Dessa maneira, podemos observar que nos dias de hoje, o conceito de lucros imediatos ao final do primeiro período vem sendo substituído pela maximização de ganhos dentro de um período de análise. Claramente isso se origina com as mais novas técnicas, como o planejamento e controle estratégico existente hoje nas empresas.

Muito embora os métodos e as técnicas para a análise de investimentos sejam comprovadamente válidos, uma grande parte das pequenas e médias empresas não vem adotando tais ferramentas de análises. Inicialmente observamos que a introdução desses métodos nos cursos de formação é muito recente, sendo que os empresários utilizam, e às vezes, tratando até de uma forma empírica, acabam utilizando a experiência na tomada de decisões sobre a aplicação dos recursos. Assim, sendo a aplicação de metodologias feitas de uma maneira equivocada, acaba gerando falsas expectativas dos investimentos realizados, cabendo então a necessidade de aprender certos conceitos matemáticos dos principais métodos básicos para a comparação de investimentos.

6.2 Os Principais Métodos de Análises de Investimentos

Antes de considerarmos os métodos de análise, vamos definir a Taxa Mínima de Atratividade (**TMA**) que pode ser considerada o parâmetro principal na avaliação das possibilidades de investimentos. A TMA é a taxa a partir do qual o investidor definirá se há ou não retorno ou benefício financeiro quando se coloca em análise os projetos de investimentos. Assim sendo, um novo investimento deverá apenas ser viável quando a taxa de retorno for maior que a TMA.

"Essa taxa está associada a um baixo risco e alta liquidez."

Você sabia?

Para um indivíduo (pessoa física) o valor de comparação de um investimento pode ser levado em consideração, quanto rende uma poupança ou certas aplicações de renda fixa, sempre associada a um baixo risco de boa liquidez.

No caso de uma empresa, podemos associar os títulos bancários para investimentos de curta duração, no caso de médio prazo (180 dias) pode-se levar em consideração o rendimento das operações de capital de giro, e para os investimentos de longo prazo tem-se que levar em consideração a meta estratégica da empresa, como crescimento de seu patrimônio e como será a distribuição de seus lucros.

Um bom jeito de comparação é relacionar a TIR (que estudaremos mais à frente) com a TMA. Para as empresas, o cálculo da TMA é mais complexo dependendo do prazo ou da importância das alternativas. Para investimentos de curta duração pode ser utilizada como TMA a taxa de remuneração de títulos bancários de curto prazo, como os CDBs.

Em investimentos que envolvem um médio prazo de duração, máximo de 6 meses, pode se considerar a TMA a média ponderada dos rendimentos das contas do capital de giro, como a aplicação de caixa, valorização dos estoques ou a taxa de juros embutida nas vendas a prazo.

No investimento de longo prazo, a TMA passa a ser uma meta estratégica, ou seja, a empresa, por exemplo, que tem por objetivo crescer seu patrimônio líquido em 10%, deverá fixar uma TMA de 15% se a sua distribuição de dividendos for da ordem de 33% de seus lucros. É possível considerarmos ainda uma TMA com variação temporal e também introduzir um fator de risco nessa taxa para as empresas.

Nesse capítulo, a TMA considerada será constante e livre de riscos. A seguir, vamos apresentar os principais métodos de comparação de investimentos:

. Método do Valor Anual (VAUE)

. Método do Valor Presente Líquido (VPL)

. Método da Taxa Interna de Retorno (TIR)

. Método da Taxa de Retorno Modificada (MTIR)

. Método de Payback Simples e Descontado

6.3 Método do Valor Anual (VAUE)

Este método tem como objetivo encontrar uma série anual uniforme equivalente ao fluxo de caixa do investimento, considerando uma taxa mínima de atratividade **TMA**. Esse método pode ser utilizado também para converter o desembolso de um fluxo de caixa e os seus benefícios no custo anual uniforme equivalente. Assim, uma vez transformados os custos e os benefícios de um fluxo de caixa em seus respectivos valores anuais uniformes equivalentes, podemos compará-los.

O que significa a **VAUE** de um investimento no valor de R$14.000,00, que retorna R$ 3.500,00 anuais por 8 anos, sendo que a TMA da empresa é de 15,0% a.a.?

Para determinarmos qual a série uniforme anual equivalente pela TMA, devemos calcular o PGTO (15%, 8, -14000,0) = R$ 3.119,90, ou seja, pela TMA o retorno é de R$ 3.119,00 anuais por 8 anos. Então a VAUE = 3.500-3119,90 = 380,10, e dessa maneira o investimento é viável, pois lucraria para a empresa a quantia de R$ 380,10 anuais. Assim sendo, qualquer investimento com retorno anual menor que R$ 3.119,90 não será viável.

Logo, o valor VAUE é determinado pela expressão

$$VAUE = R - \frac{I(1+i_{TMA})^n . i_{TMA}}{(1+i_{TMA})^n - 1}$$

Onde **I** é o valor do investimento, **R** é o valor do retorno e i_{TMA} é a TMA.

Comparação de dois ou mais investimentos

Para compararmos dois ou mais investimentos, o melhor será aquele que resultar no maior VAUE. No exemplo abaixo, vamos comparar dois investimentos A e B com o mesmo tempo de duração:

Analise o problema. Uma empresa conta com R$ 14.000,00 e dispõe de duas formas de investimentos A e B.

Investimento A: no valor de R\$ 10.000,00 e retorna R\$ 2.500,00 anuais por 8 anos;
Investimento B: no valor de R\$ 14.000,00 e retorna R\$ 3.500,00 anuais por 8 anos;
Qual é a melhor alternativa sabendo que a TMA = 15%?

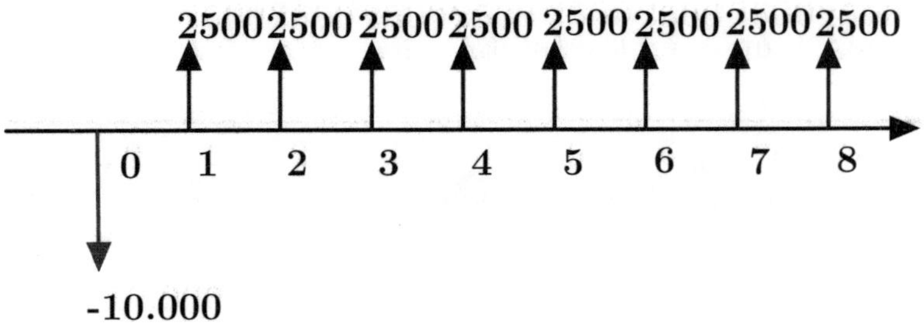

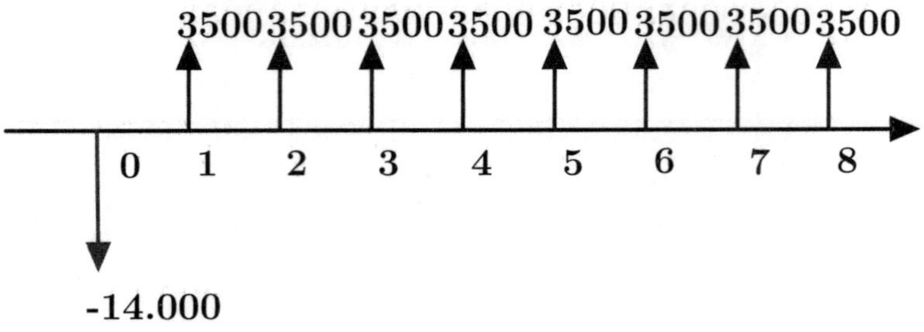

VAUEA = -PGTO(15%;8;-10000) +2500 = 271,50
VAUEB = -PGTO(15%;8;-14000) +3500 = 380,10

Embora ambos os investimentos sejam viáveis, podemos afirmar que o investimento B é mais recomendável por apresentar um VAUE maior.

Podemos calcular a relação entre as VAUEs e os valores investidos, que são muito próximos, e nesse caso veremos que ambas são 2,715%. Existem casos em que os valores investidos são muito próximos e os valores encontrados pelas VAUEs muito diferentes, aí devemos recomendar a análise atribuindo a outros fatores existentes, tais como risco, prazo, etc.

■ Investimentos com durações diferentes

Investimentos com tempos de duração diferentes devem ser analisados sob dois aspectos:

Com repetição

É intuitivo que se possam repetir os investimentos de tal maneira que no futuro ambos tenham a mesma duração. Matematicamente, se os investimentos têm prazo de duração m e n anos, então o mmc (m,n) é prazo mínimo em que os investimentos tenham a mesma duração. Assim sendo, o primeiro investimento terá mmc(m,n)/m repetições, enquanto que o outro investimento terá mmc (m,n)/n repetições.

Para exemplificar, vamos supor que uma empresa tenha duas alternativas de investimentos:

. Investimento A: no valor de R$ 5.500,00 e retorna R$ 2.400,00 anuais por 3 anos;

. Investimento B: no valor de R$ 6.000,00 e retorna R$ 3.700,00 anuais por 2 anos;

Se calcularmos os valores de $VAUE_A$ e $VAUE_B$ sem repetir os investimentos até o prazo comum, encontraremos os seguintes valores:

$VAUE_A$ = R$ 265,82 e $VAUE_B$ = R$ 335,38, ou seja, B é melhor que A. A seguir mostraremos que esses valores são invariantes com as repetições, fazendo com que não seja necessário fazer as repetições até o prazo comum.

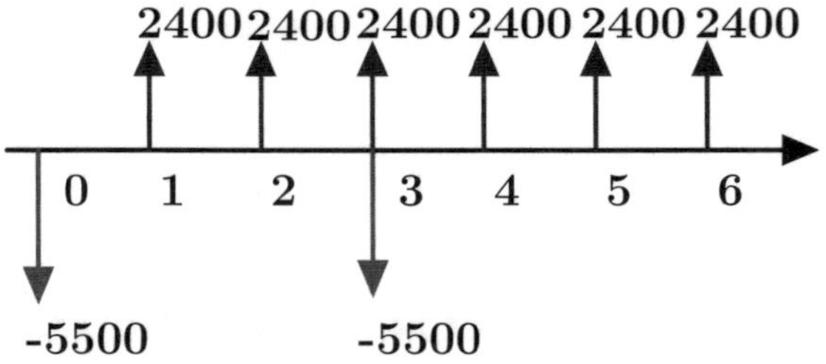

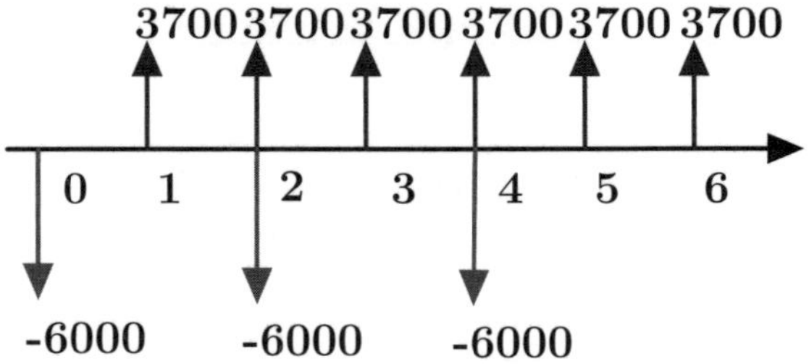

Neste caso:

IA = $5500 + 5500(1{,}08)^3$ = R$ 2.134,18. Logo, $VAUE_A$ = -R$ 2.134,18 +2400 = R$ 265,82

IB = $6000 + 6000/(1{,}08)^2 + 6000/1{,}08^4$ = R$ 3.364,62. Logo, $VAUE_B$ = R$ 3.364,62 +R$ 3700,00 = R$ 335,38

Dessa maneira basta calcular as VAUEs para cada investimento em prazos diferentes e compará-los.

Sem repetição

Tomando o mesmo exemplo do caso com repetição, devemos transformar o investimento B para 3 anos utilizando a TMA. Para isso devemos responder a seguinte questão: Qual é o retorno de um investimento de R$ 6.000,00 em 3 anos, que seja equivalente a um investimento que retorna R$ 3.700,00 anuais?

O primeiro passo para esta transformação é calcular o valor de VP tendo como base a TMA, assim sendo VP(8%;2;-3700) = R$ 6.598,08, e redistribuindo este valor em 3 anos encontramos R = R$ 2.560,28, ou seja, um investimento de R$6.000,00, com retorno de R$ 2.560,28 anuais em 3 anos, tem o mesmo lucro que o investimento de R$ 6.000,00 com retorno de R$ 3.700,00 anuais em 2 anos. Assim, basta compararmos o investimento redistribuído para 3 anos com o investimento A:

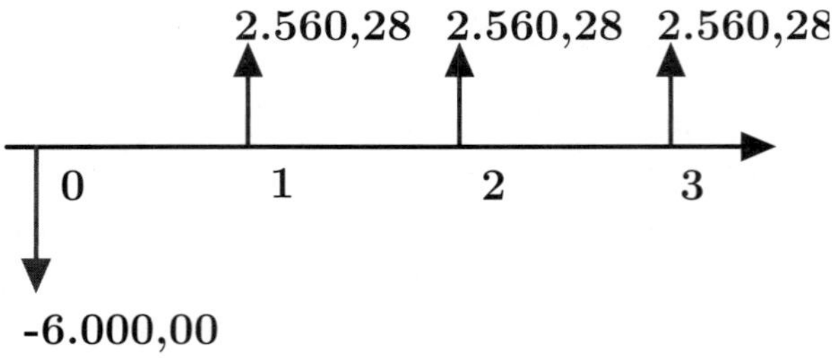

Calculando o VAUE deste novo investimento, encontramos o valor de R$ 232,07. Então este novo investimento é viável, mas não é melhor que A.

Em casos em que os prazos são diferentes, o método mais indicado é o VPL, que será introduzido logo a seguir.

6.4 Método do Valor Presente Líquido (VPL)

Calculamos o VPL subtraindo os valores presentes do retorno com os valores presentes dos investimentos. A taxa de juros utilizada é a TMA do investidor. Escolhe-se aquele investimento que apresenta maior VPL.

$$VPL = \sum_{k=1}^{n}\left[\frac{R_k}{(1+i_{TMA})^k}\right] - I$$

Onde **I** é o valor do investimento, $\boldsymbol{R_k}$ é o valor do resgate no tempo k e $\boldsymbol{i_{TMA}}$ é a taxa TMA.

No Excel observamos que a função VPL retorna o valor presente dos valores monetários R_k no momento inicial. Subtraindo-se o valor do investimento I encontramos a VPL.

Analise o problema. Uma empresa conta com R$ 14.000,00 e dispõe de duas formas de investimentos A e B.

. Investimento A: no valor de R$ 10.000,00 e retorna R$ 2.500,00 anuais por 8 anos;

. Investimento B: no valor de R$ 14.000,00 e retorna R$ 3.500,00 anuais por 8 anos;

Qual é a melhor alternativa sabendo que a TMA = 15% ?

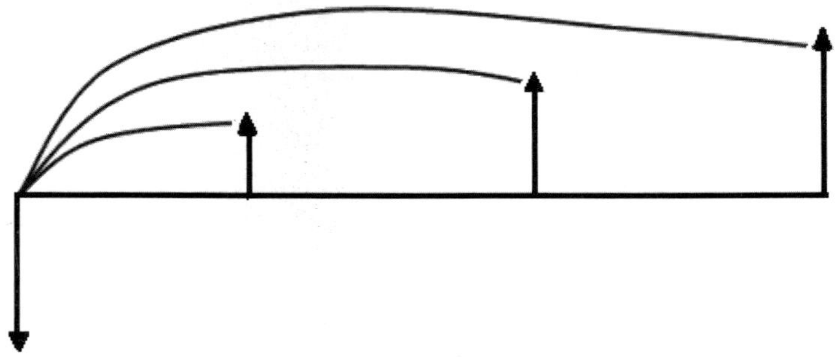

Aplicando o **Método do Valor Presente Líquido**:

- **Alternativa A** - aplicar em títulos da opção A

  VPL_A = VPL(15% ; 8; 2500) - 10000 = R$ 1.218,30

- **Alternativa B** - aplicar 14000

  VPL_B = VPL(15%; 8;3500) - 14000= R$ 1.705,63

Portanto, a opção B é a mais vantajosa, pois tem a maior VPL.

A **VAUE** calcula o valor líquido descontando-se a TMA em cada tempo k, ao passo que a **VPL** calcula o lucro total na origem descontando-se a TMA.

Relação entre a VAUE e a VPL

Esta relação nos permite fazer o cálculo da **VPL** conhecendo-se a **VAUE** e vice-versa.

O valor da VPL é dado pela fórmula:

$$VPL = \sum_{k=1}^{n} \left[\frac{R_k}{(1 + i_{TMA})^k} \right] - I$$

E o valor da VAUE é:

$$VAUE = R - \frac{I.(1 + i_{TMA})^n.i_{TMA}}{(1 + i_{TMA})^n - 1}$$

Então:

$$VPL = VAUE.\frac{(1 + i_{TMA})^n.i}{(1 + i_{TMA})^n - 1}$$

$$VAUE = VPL.\frac{(1 + i_{TMA})^n - 1}{(1 + i_{TMA})^n.i}$$

No Excel `VAUE = PGTO(`i_{TMA}`;n;VPL)`

No exemplo anterior VAUEA = PGTO(15%,8,-1218,30) = R$ 271,50

No caso em que os prazos são diferentes, o VPL apresenta-se como método mais conveniente para estabelecer a comparação.

Vamos tomar o mesmo exemplo apresentado para o VAUE, ou seja, supor que uma empresa tenha duas alternativas de investimentos:

. Investimento A: no valor de R$ 5.500,00 e retorna R$ 2.400,00 anuais por 3 anos;

. Investimento B: no valor de R$ 6.000,00 e retorna R$ 3.700,00 anuais por 2 anos;

. Com a TMA = 8% a.a.

Assim VPL_A = VP(8%; 3;2400) - 5500 = 6.185,03 - 5.500,00 = 685,03

e VPL_B = VP(8%; 2;3700) - 6000 = 6.598,08 - 6.000,00 = 598,08. Concluímos que A é melhor que B.

6.5 Taxa Interna de Retorno (TIR)

A **TIR** é uma medida da relação entre o montante obtido de investimento e a quantia investida. Além disso, calculamos a taxa (**i**) **TIR** no momento em que o **VPL** do fluxo for nulo. Assim sendo, a relação abaixo tem que ser resolvida para VPL = 0

$$VPL = \sum_{k=1}^{n} \left[\frac{R_k}{(1 + i_{TMA})^k} \right] - I$$

De uma maneira geral, não existe uma solução analítica para resolver este problema, então devemos utilizar um método numérico para encontrar o zero da função VPL (i) = 0

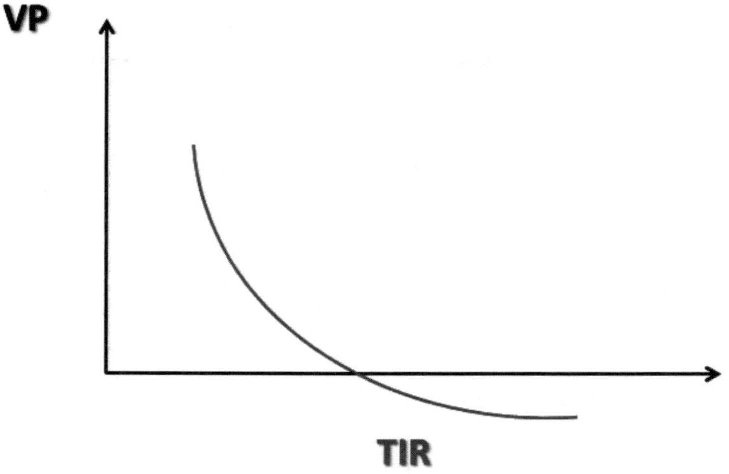

Como já foi estudado no capítulo 4, quando efetuamos o cálculo para uma taxa de pagamento, constatamos a dificuldade de determinarmos a taxa de uma maneira analítica e tivemos que utilizar métodos numéricos para encontrar tal taxa. Assim, por exemplo, para determinarmos qual é a taxa interna de retorno de um investimento de R$ 5.500,00, que retorna R$ 2.400,00 anuais por 3 anos, teremos que resolver a equação para quando a VPL deste investimento for nulo. Antes de calcularmos a taxa interna de retorno (TIR) pelo Excel, vamos calcular essa taxa de uma maneira numérica. Dado que o VPL é nulo, então podemos escrever:

$$VPL = -5500 + VP(i\%,3,2400) = 0$$

$$VPL(i) = 0 \Rightarrow \frac{5500}{2400} = \frac{1-(1+i)^{-3}}{3}$$

Se considerarmos a função

$$F(i) = \frac{1-(1+i)^{-3}}{i}$$

então:

Para i = 0,15 temos F(i) = 2,2832, e para i = 0,10, F(i) = 2,4868. Assim, fazendo um ajuste linear, encontramos F(i) = -4,0725 i + 2,8941. Então para:

$$i = 14,79\% \rightarrow F(i) \approx \frac{5500}{2400}$$

E exibida no gráfico abaixo:

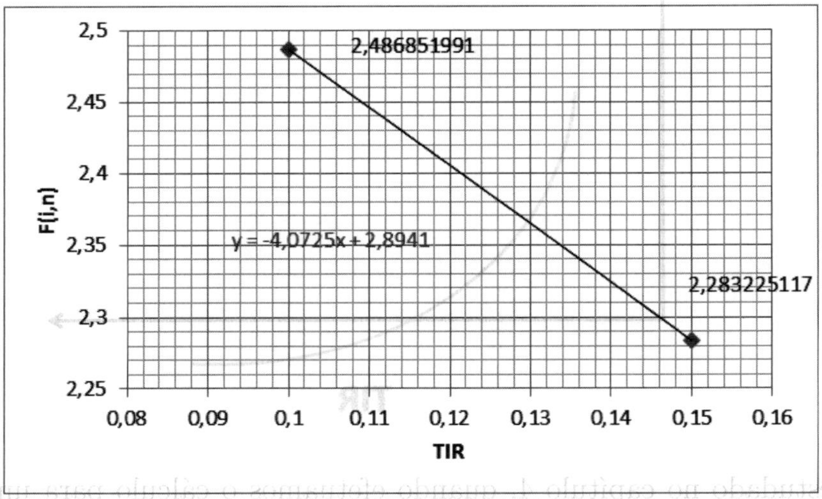

Utilizando o Excel, na função TIR (-5500; 2440; 2400; 2400) = 14,8%, que é uma boa aproximação do valor encontrado pelo método numérico.

A função TIR do Excel, retorna a taxa interna de retorno da série dos valores monetários existentes (aplicações e resgates), sendo que a taxa de juros é um "chute inicial" que pode ser considerado como 10%. O período da TIR é igual ao período utilizado na sequência de valores, visto que a função TIR não envolve datas.

■ Comparação da TIR com a TMA

Se a **TIR** for menor que a **TMA**, então afirmamos que o investimento é inviável.

No caso anterior, se a TMA > 14,8%, então tal investimento seria inviável.

Analise o problema. Dados os investimentos A e B no valor de R$10.000,00 cada, então o melhor será aquele com a maior TIR, desde que a mesma seja maior que a TMA.

INVESTIMENTO A

Meses	Operação	Valor
0	Aplicação	-10.000,00
1	Resgate	1.500,00
2	Resgate	2.000,00
3	Resgate	3.000,00
4	Resgate	3.500,00
5	Resgate	4.500,00
6	Resgate	5.000,00
7	Resgate	6.000,00
TIR		23,4%

INVESTIMENTO B

Meses	Operação	Valor
0	Aplicação	-10.000,00
1	Resgate	6.000,00
2	Resgate	5.000,00
3	Resgate	4.500,00
4	Resgate	3.500,00
5	Resgate	3.000,00
6	Resgate	2.000,00
7	Resgate	1.500,00
TIR		42,2%

Assim sendo, como $TIR_B > TIR_A$ podemos afirmar que B é mais vantajoso que A. Nem sempre podemos fazer tal afirmação, pois isso depende da TMA que pode ser diferente para cada investimento e do período em questão.

■ XTIR

Uma variação da **TIR** para períodos que não são uniformes e são dados por datas é a **XTIR**. Essa função retorna o valor da TIR com período de 365 dias cujos valores monetários são dados com as suas respectivas datas de ocorrência. A coluna **Datas** é listada com datas do calendário e coluna **Valor** é listada com os valores respectivos que entraram ou saíram do investimento.

data da operação		**18/12/2003**
vencimento	**VALOR**	**DC**
18/12/03	**(R$ 55.073,79)**	0
16/01/04	R$ 529,89	29
14/02/04	R$ 705,67	58
14/02/04	R$ 729,96	58
15/02/04	R$ 353,28	59
29/02/04	R$ 3.252,70	73
11/03/04	R$ 14.628,94	84
11/03/04	R$ 15.261,17	84
15/03/04	R$ 1.074,66	88
15/03/04	R$ 593,11	88
15/03/04	R$ 2.963,62	88
16/03/04	R$ 353,28	89
16/03/04	R$ 797,58	89
25/03/04	R$ 14.555,55	98
30/03/04	R$ 1.828,95	103
30/03/04	R$ 2.963,62	103
14/04/04	R$ 1.828,95	118
TOTAL	**R$ 62.420,93**	
XTIR	67,88%	taxa anual
	4,35%	taxa mensal

Fazendo uma analogia com a TIR, temos que observar que tratamos cada data como um período no projeto de investimento, e dessa maneira, a data inicial corresponde a 0 dias corridos, o que nos obriga a trabalhar com dias corridos **DC** e não **DIAS360**. Dessa maneira, a XTIR será uma taxa dada ao ano de 365 dias.

Nesse caso, temos para a data inicial 18/12/2003 DC = 0 e para a segunda data 16/01/2004 DC = 29. O chute inicial é de 10,0% e na função XTIR o número de valores monetários deve ser igual ao número de datas, mas se na mesma data há dois valores monetários diferentes, os mesmos devem ser listados na mesma data com os dois valores existentes. O resultado da XTIR será uma taxa que se refere a 365 dias, e caso queira se conhecer ao mês, a mesma deverá ser convertida com a relação $(1 + XTIR_{365})^{(30/365)}$.

Neste caso, para calcularmos o XTIR utilizamos a fórmula no `Excel` XTIR (-55.073,79,...1.825,95; 18/12/03,...14/04/04) que nos resulta
XTIR = 67,88% a.a. e para o cálculo da taxa mensal temos:

$\text{XTIR}_{mensal} = (1 + 67{,}88\%)^{\frac{30}{365}} - 1 = 4{,}35\%$ a.m..

data da operação	24/10/2001
vencimento	valor
24/10/2001	(R$ 27.946,20)
07/11/2001	R$ 2.949,55
14/11/2001	R$ 2.949,55
21/11/2001	R$ 2.949,55
28/11/2001	R$ 2.949,55
05/12/2001	R$ 2.949,55
10/12/2001	R$ 2.949,55
15/12/2001	R$ 2.949,55
02/12/2001	R$ 2.949,55
25/12/2001	R$ 2.949,55
30/12/2001	R$ 2.949,55
TOTAL	**R$ 29.495,50**
XTIR 365 dias	**62,57%**
XTIR ao mês	**4,075%**

Outro exemplo:

Nesse caso XTIR (-27946,20,...2.949,55; 24/10/01,...30/12/01) que nos resulta XTIR = 62,57% e analogamente $\text{XTIR}_{mensal} = 4{,}08\%$ a.m..

6.6 Investimento Incremental

Os investimentos com a **TIR** maior que as **TMA** são considerados rentáveis e são passíveis de análise. Sendo B = A + (B - A), então B será a melhor opção somente quando A e (B - A) forem maiores que a TMA.

$TIR_A > TIR_B$ não quer dizer que o investimento A é preferido a B.

O investimento (B-A) é chamado de investimento incremental.

Analise o problema. Consideremos dois investimentos A e B com os seguintes fluxos:

Investimento A: no valor de R$ 18.000,00 e retorna R$ 4.500,00 anuais por 8 anos;

Investimento B: no valor de R$ 10.000,00 e retorna R$ 2.700,00 anuais por 8 anos;

Qual é a melhor alternativa sabendo que a TMA = 15%?

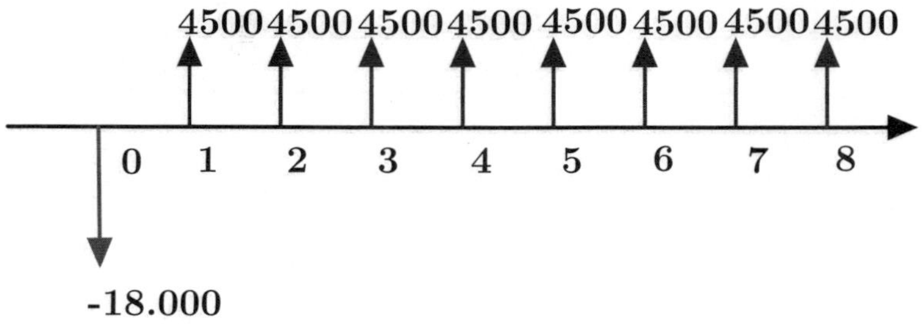

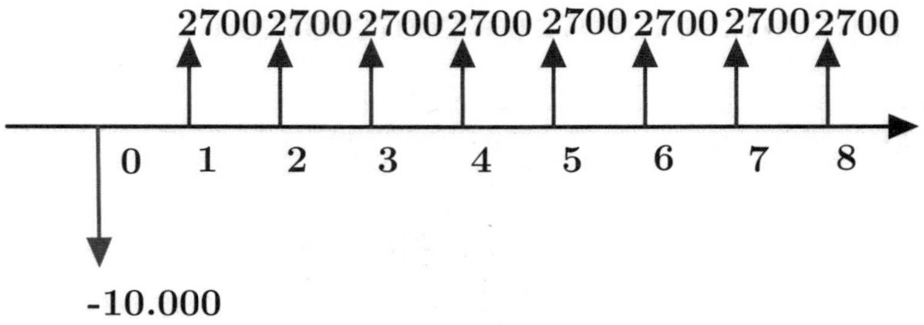

Vamos calcular a TIR anulando os valores presentes e considerando TMA = 15%, temos:

VPL_A = -18.000 + VP(i_A;8;4500) = 0 à TIR_A = 18,62%

VPL_B = -10.000 + VP(i_B;8;2700) = 0 à TIR_B = 21,20%

Como ($TIR_B > TIR_A$), não podemos afirmar que B é mais vantajoso que A, apenas que são viáveis. Só que A = B + (A - B), então utilizamos (A - B) como sendo o investimento incremental.

Calculando VPL_A e VPL_B na TMA = 15%, temos VPL_A = 2.192,95 e VPL_B = 2.115,77 e a diferença VPL_A - VPL_B é de 77,18. Portanto, dessa maneira devemos calcular qual deverá ser o investimento A-B no valor de R$ 8.000,00, para que assim se tenha a 15% o valor de R$ 8.077,18. Ou seja, temos que calcular R = (15%, 8, - 8.077,18,0), e assim R = 1.800,00 (R é o PGTO no Excel). Logo, o investimento A - B é dado por:

INVESTIMENTO A- B		
anos	operação	valor
0	aplicação	- 8.000,00
1	resgate	1.800,00
2	resgate	1.800,00
3	resgate	1.800,00
4	resgate	1.800,00
5	resgate	1.800,00
6	resgate	1.800,00
7	resgate	1.800,00
8	resgate	1.800,00

Que corresponde a uma TIR_{A-B} de 15,29%, ou seja, para que a empresa pudesse escolher o investimento B, ela teria que encontrar um investimento incremental A - B, no valor de R$ 8.000,00, que tivesse um rendimento de no mínimo 15,29%. Assim, nesse caso, A é melhor, como será demonstrado utilizando a interseção de Fischer.

■ Interseção de Fischer

É possível resolver esse problema utilizando um gráfico da **VPL×TMA**, onde o ponto na Interseção é denominado **INTERSEÇÃO DE FISCHER**.
De uma maneira geral, dados dois investimentos I_A e I_B (I_A>I_B) com lucros R_A e R_B, respectivamente, geram o investimento incremental I_A - I_B, com lucro R_A - R_B, e a TIR_{A-B} é a taxa em que $VPL_A = VPL_B$, que é denominado **interseção de Fischer**. Este ponto determina a que valor de TMA cada investimento será mais vantajoso, ou seja, se TMA $< TIR_{A-B}$, então A será mais vantajoso e se TMA $> TIR_{A-B}$, então B será mais vantajoso.

Para encontrar esse ponto em que $VPL_A = VPL_B$, vamos construir um gráfico com os valores de $VPL_A = VPL_B$ em função da TMA. Nesse caso, temos a seguinte tabela:

TMA (%)	VPLA	VPLB
10	6.007,17	4.404,30
11	5.157,55	3.894,53
12	4.354,38	3.412,63
13	3.594,47	2.956,68
14	2.874,89	2.524,93
15	2.192,95	2.115,77
15,3	2.001,86	2.001,12
16	1.546,16	1.727,70
17	932,23	1.359,34

Que pode ser representada graficamente:

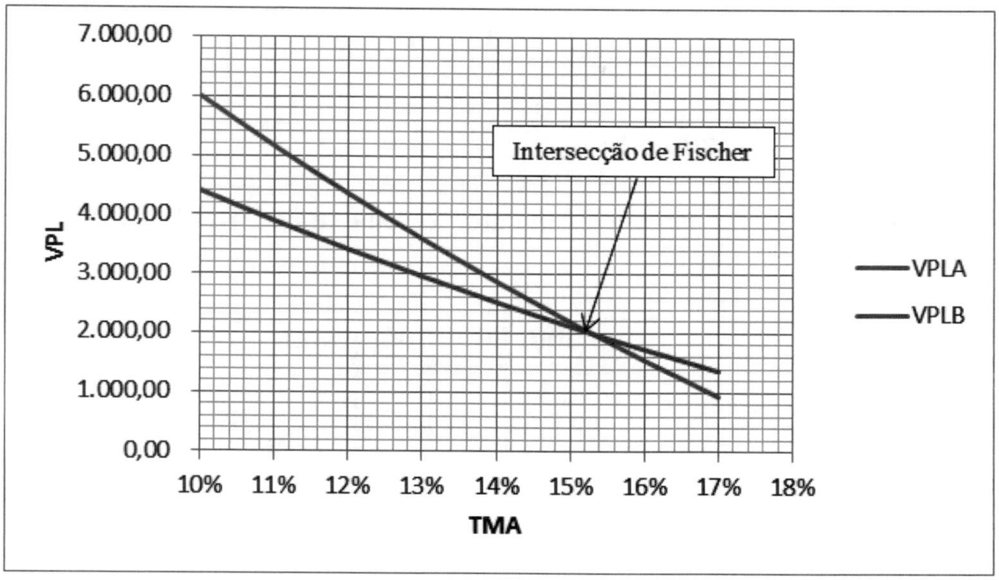

Para uma taxa de 15,29% a $VPL_{A-B} = 0$, dessa maneira $VPL_A = VPL_B$ uma vez que $VPL_A = VPL_B + VPL_{A-B}$

Logo, podemos afirmar que se a TMA $<$ 15,29%, então A é mais vantajoso, ao passo que se a TMA $>$ 15,29%, então é melhor escolher B. Como neste caso a TMA = 15%, então a melhor opção é A. Note que no caso da TMA ser exatamente 15,29%, então tanto faz A ou B.

O Método da Taxa Interna de Retorno Modificada (MTIR)

Muito embora o método da **TIR** seja muito utilizado, existe algumas situações que o tornam desvantajoso em relação ao método do **VPL**. Inicialmente, o método da TIR leva em consideração que todas as entradas de caixa devem ser reaplicadas à taxa de retorno do investimento, e também podem ocorrer casos em que encontremos duas ou mais TIRs em um determinado projeto. Então para contornar essas situações temos o seguinte método:

O método da **Taxa Interna de Retorno Modificada (MTIR)** tende a evitar essas duas situações. As entradas negativas são trazidas ao valor atual, enquanto que os fluxos positivos são levados a valor futuro no último período do fluxo. Com este procedimento os valores encontrados no instante zero e ao final do investimento devem facilitar o cálculo desta nova TIR modificada.

Consideremos o seguinte fluxo de investimento dado pelo diagrama abaixo, com a TMA = 15%.

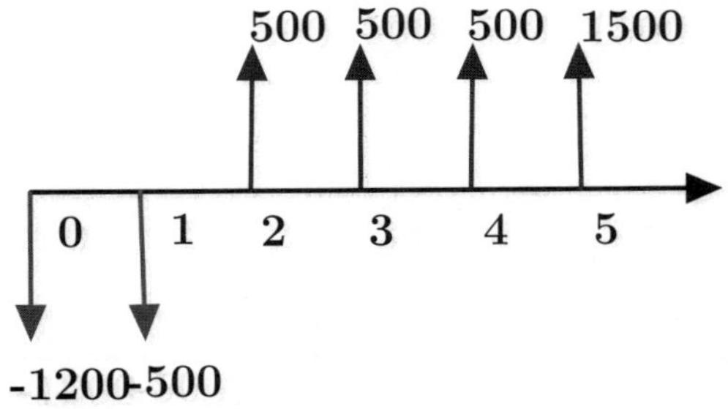

Como vimos no exemplo 1, este investimento retorna uma TIR de 17,02%. Aplicado o MTIR teremos:

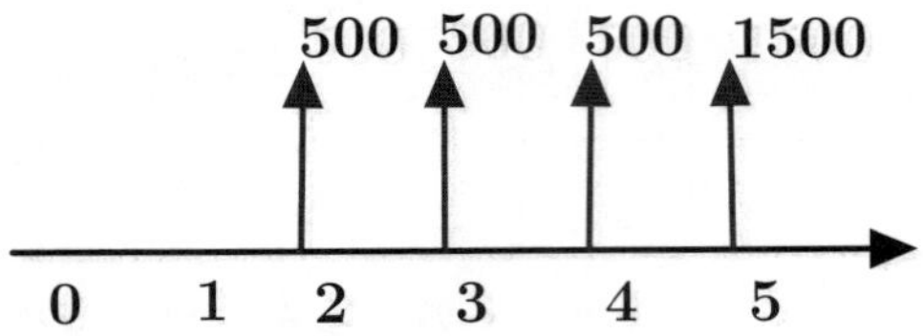

Inicialmente, levando os valores positivos para o final do projeto:

$$V_f = 500(1+i)^3 + 500(1+i)^2 = 500(1+i) + 1500$$
$$V_f = 3496{,}96$$

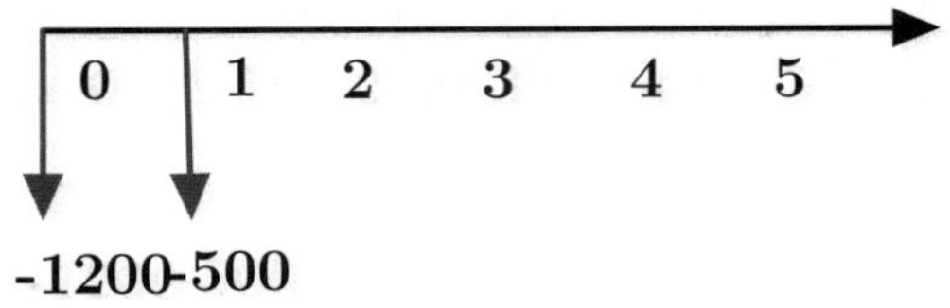

E depois trazendo os valores negativos para a origem:

$$V_0 = 500(1+i)^{-1} + 1200$$
$$V_0 = 1634{,}78$$

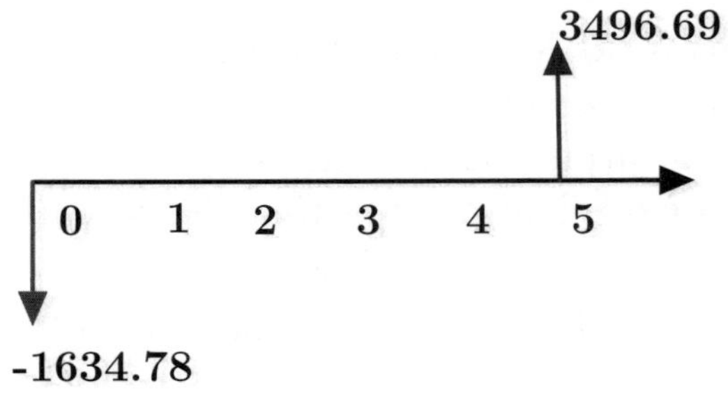

$$3496{,}69 = 1634{,}78(1+i)^5$$

$$TIR = 16{,}42\%$$

Se analisarmos os principais indicadores TIR, VPL e VAUE antes e depois, teremos:

	Antes	Depois
TIR	17,02%	16,42%
VPL	103,69	103,69
VAUE	30,93	30,93

Neste caso, observamos que a TIR modificada é menor e os outros indicadores permaneceram estáveis, o que mostra uma situação mais realista do projeto apresentado.

6.7 Métodos do Payback Simples e do Payback Descontado

Definimos **Payback**, ou **Período de Payback**, como sendo o tempo necessário para que se retorne a quantia aplicada em um investimento. A partir desse período de payback, o projeto de investimento passa a ser viável financeiramente.

O tempo de payback é visto como um indicador de risco de projeto, por isso todo plano de projeto ou novo negócio deve ter como prioridade minimizar seu payback.

■ Payback Simples

Basta calcular o acumulado do fluxo de caixa, somando ano a ano a partir do ano 0, e observar a partir de que momento o resultado se torna maior que zero:

Ano	0	1	2	3	4	5
Fluxo de Caixa	- 1.000,00	- 200,00	500,00	300,00	400,00	600,00
Fluxo Acumulado	- 1.000,00	- 1.200,00	- 700,00	- 400,00	-	600,00

Podemos observar que o payback simples é 4 (quatro), isto é, o payback acontece no período em que o fluxo de caixa acumulado passa a ser maior ou igual a zero. Esse método não leva em consideração o valor do dinheiro no tempo e simplesmente se limita a contabilizar o valor investido e o retorno dos valores. Para que se tenha uma ideia mais realista sobre um investimento, utilizaremos o método do **Payback Descontado**.

■ Payback Descontado

No exemplo anterior (método de **Payback Simples**), observamos que nos dois primeiros períodos houve um investimento que totalizou R$ 1.200,00, foram necessários 4 anos para recuperar o montante investido. Assim, esse método não é realista, pois há uma depreciação monetária e contábil sobre os valores investidos, o que não permite aceitar o valor, depois de 4 períodos, igual ao investido inicialmente nos dois primeiros períodos. Dessa maneira, devemos levar em consideração uma taxa de desconto para melhor avaliar os valores ganhos na origem (**Valor Presente**).

Suponhamos que a taxa de juros seja de 10% a.a., determine em qual período o investimento passa a ser viável.

Ano	0	1	2	3	4	5
Fluxo de Caixa	- 1.000,00	- 200,00	500,00	300,00	400,00	600,00
Fluxo Acumulado	- 1.000,00	- 1.200,00	- 700,00	- 400,00	-	600,00
Valor Presente	- 1.000,00	- 181,82	413,22	225,39	273,21	372,55
Valor Presente Líquido	- 1.000,00	- 1.181,82	- 768,60	- 543,20	- 270,00	102,56

Então, o tempo de payback descontado acontece depois do quarto período. Se considerarmos o pró-rata desse último retorno igual a R$ 372,55, podemos estabelecer o tempo estimado em que esse investimento começou a ser viável.

Vemos que o **Payback Simples** (baseado no Acumulado do Fluxo de Caixa) ocorre no ano 3, enquanto o **Payback Descontado** (baseado no Valor Presente Líquido ou VPL) ocorre no ano 4. Observe que o Acumulado é o somatório do Fluxo de Caixa e, de forma semelhante, o VPL é o somatório dos Valores Presentes do Fluxo de Caixa.

6.8 Atividades Resolvidas

■ Negociação de Veículo como Investimento

Um indivíduo adquiriu um veículo em 10/01/2010 pelo valor de R$ 39.490,00. Sabendo que este automóvel tem uma depreciação de 27,0% a.a., e que o proprietário depois de quitá-lo em 15/12/2010, consiga renegociá-lo em 18/02/2011 com as seguintes condições:

1º pagamento: R$ 15.800,00, em 28/02/2011
2º pagamento: R$ 6.000,00, em 17/03/2011
3º pagamento: R$ 4.200,00, em 05/04/2011
4º pagamento: R$ 3.400,00, em 06/05/2011
5º pagamento: R$ 3.900,00, em 06/06/2011

(lembre-se que a data de compra foi em 10/01/2010 e que devemos encontrar o valor de venda)
Com base nesses elementos e considerando uma taxa mínima de atratividade de 9,0% ao mês, determine se a venda foi vantajosa? (Use XTIR)

Inicialmente devemos encontrar o valor da venda e para isso utilizamos a função `DIAS360(data_inicial;c`
=

`DIAS360(10/01/2010;18/02/2011;método) = 398 dias`

A seguir, determinar o valor da venda:

ERRATA
Página: 171 (Abaixo do quadro)
Onde se lê: Inicialmente devemos encontrar o valor da venda e para isso utilizamos a função DIAS360(data_inicial ; da

Leia-se: Inicialmente devemos encontrar o valor da venda e para isso utilizamos a função DIAS360(data_inicial ; data_final ; método)

$$\frac{V_{compra}}{\ldots 27\%)^{398/360}}$$

$$\ldots 0.319,80$$

Dessa maneira temos o seguinte fluxo de caixa:

	A	B	C	D
1				
2		**Data Inicial**	10/01/2010	
3		**Data Final**	18/02/2011	
4		**DIAS360**	398	=DIAS360(C2;C3)
5		**Valor de Venda**	R$ 30.319,80	
6				=39490/(1+27%)^(398/360)
7		**Data**	**Valores**	
8		18/02/2011	-30.319,80	
9		28/02/2011	15.800,00	
10		17/03/2011	6.000,00	
11		05/04/2011	4.200,00	
12		06/05/2011	3.400,00	
13		06/06/2011	3.900,00	
14		XTIR	170,10%	=XTIR(C8:C13;B8:B13)
15				

XTIR 170,10% a.a.
8,51% a.m.

Aplicando a função do Excel XTIR (valores; datas; estimativa) e, dessa maneira, encontramos XTIR = 170,10% a.a. (365 dias) que equivale a 8,51% a.m. Encontramos este valor a partir da função **Atingir Meta** do Excel:

1. Coloque a equação da equivalência de taxas com a incógnita sendo uma célula na planilha (no caso C17);

	A	B	C	D
1				
2				
3		**Data Final**	18/02/2011	
4		**DIAS360**	398	
5		**Valor de Venda**	R$ 30.319,80	
6				
7		**Data**	**Valores**	
8		18/02/2011	- 30.319,80	
9		28/02/2011	15.800,00	
10		17/03/2011	6.000,00	
11		05/04/2011	4.200,00	
12		06/05/2011	3.400,00	
13		06/06/2011	3.900,00	
14		XTIR	170,10%	
15				
16				
17		=(1+C17)^(365/30)		
18				

2. Em `Dados » Ferramentas de Dados » Teste de Hipóteses » Atingir Meta` defina a célula da equação, para o valor de 1 + 1,7010= 2,7010 alternando a célula da incógnita e aperte OK.

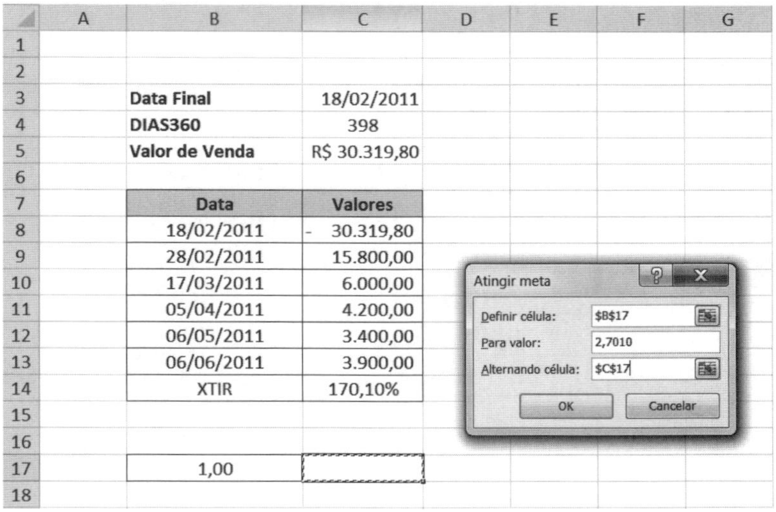

Data Final
18/02/2011
DIAS360
398
Valor de Venda
R$ 30.319,80
Data
Valores
18/02/2011
- 30.319,80
28/02/2011
15.800,00
17/03/2011
6.000,00
05/04/2011
4.200,00
06/05/2011
3.400,00
06/06/2011
3.900,00
XTIR
170,10%
1,00
Atingir meta
Definir célula:
$B$17
Para valor:
2,7010
Alternando célula:
$C$17
OK
Cancelar

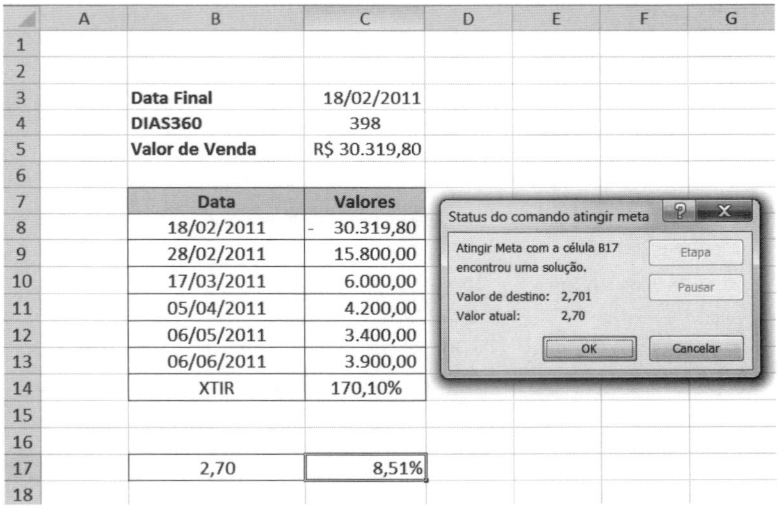

Data Final
18/02/2011
DIAS360
398
Valor de Venda
R$ 30.319,80
Data
Valores
18/02/2011
- 30.319,80
28/02/2011
15.800,00
17/03/2011
6.000,00
05/04/2011
4.200,00
06/05/2011
3.400,00
06/06/2011
3.900,00
XTIR
170,10%
2,70
8,51%
Status do comando atingir meta
Atingir Meta com a célula B17 encontrou uma solução.
Valor de destino: 2,701
Valor atual: 2,70
Etapa
Pausar
OK
Cancelar

Como o valor da TMA para este tipo de transação é de 9,0%, podemos afirmar que não é um negócio aconselhável.

Dado o valor da venda de R$ 30.319,80, então a partir de que data o indivíduo deverá vender esse veículo de tal maneira que seja aconselhável a venda?

Para isso, utilizaremos a função Atingir Meta combinada com a função XTIR, ou seja, supor que para uma determinada data a ser encontrada o valor da XTIR mensal seja no mínimo o valor da TMA que é de 9,0%.

Para isso vamos construir a seguinte tabela, supondo que a data de venda fosse ainda em 18/02/2011:

	A	B	C	D
1				
2		**Data da Compra**	10/01/2010	
3		**Data Final**	?	
4		**Valor de Venda**	R$ 30.319,80	
5				
6		**Data**	**Valores**	
7		18/02/2011	- 30.319,80	
8		28/02/2011	15.800,00	
9		17/03/2011	6.000,00	
10		05/04/2011	4.200,00	
11		06/05/2011	3.400,00	
12		06/06/2011	3.900,00	
13		XTIR	170,10%	
14				
15				
16		XTIR (a.m.)	8,51%	
17				

Agora utilizando a função Atingir Meta tendo como alvo uma XTIR ao mês de 9,0% temos:

	A	B	C	D	E	F	G
1							
2		**Data da Compra**	10/01/2010				
3		**Data Final**	18/02/2011				
4		**Valor de Venda**	R$ 30.319,80				
5							
6		**Data**	**Valores**				
7		18/02/2011	- 30.319,80				
8		28/02/2011	15.800,00				
9		17/03/2011	6.000,00				
10		05/04/2011	4.200,00				
11		06/05/2011	3.400,00				
12		06/06/2011	3.900,00				
13		XTIR	170,10%				
14							
15							
16		XTIR (a.m.)	8,51%				
17							

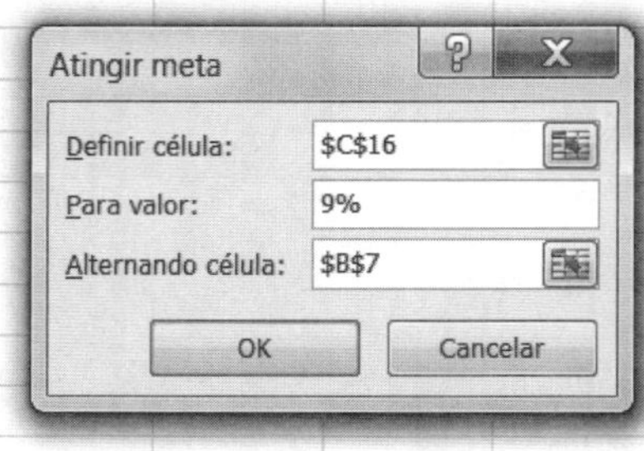

Assim, encontramos a data de venda como sendo 20/02/2011 que terá uma XTIR ao mês de 9,08%, sendo, portanto, aconselhável a venda.

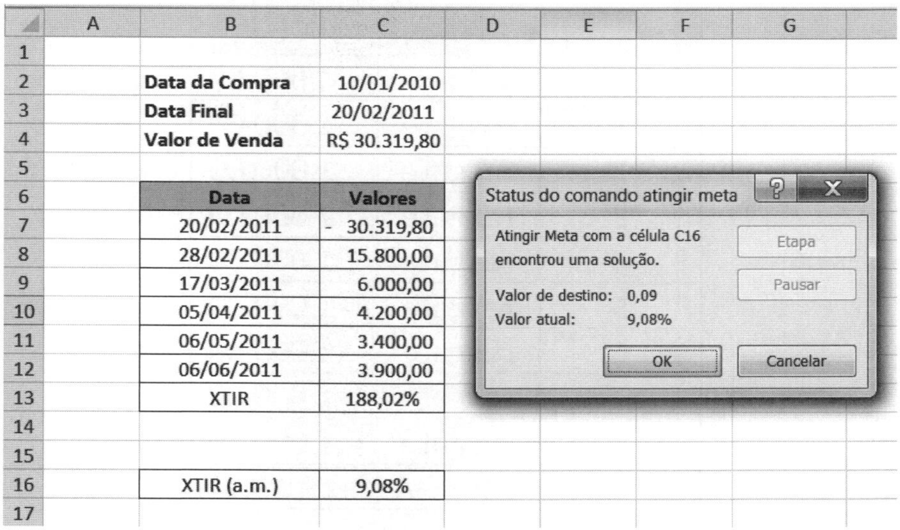
Data da Compra 10/01/2010
Data Final 20/02/2011
Valor de Venda R$ 30.319,80
Data | Valores
20/02/2011 | - 30.319,80
28/02/2011 | 15.800,00
17/03/2011 | 6.000,00
05/04/2011 | 4.200,00
06/05/2011 | 3.400,00
06/06/2011 | 3.900,00
XTIR | 188,02%
XTIR (a.m.) | 9,08%
Status do comando atingir meta
Atingir Meta com a célula C16 encontrou uma solução.
Valor de destino: 0,09
Valor atual: 9,08%
Etapa
Pausar
OK
Cancelar

■ Comparação de Investimento

Uma empresa conta com R$ 14.000,00 e dispõe de duas formas de investimentos A e B.

- Investimento A: no valor de R$ 10.000,00 e retorna R$ 2.500,00 anuais por 8 anos;
- Investimento B: no valor de R$ 14.000,00 e retorna R$ 3.500,00 anuais por 8 anos;

Considere a TMA da empresa de 15%.

A) Em um dos exemplos na página 161, quando a TMA = 15% dos dois investimentos A e B, constatamos que VPL_A = 1.218,30 e VPL_B = 1.705,63, o que garante que o investimento B é mais vantajoso que A. Para que valor da TMA da empresa o investimento de A poderia ser o mais vantajoso em relação a B?

Solução de A)

Para a TMA = 15%, a diferença $VPL_B - VPL_A$ = 487,32. Dessa maneira, devemos calcular qual deverá ser o investimento B – A no valor de R$ 4.000,00, para que assim se tenha a 15% o valor de $VPL_{B\text{-}A}$ de R$ 487,32. Ou seja, temos que calcular R = (15%, 8, -4.487,32,0), e assim R = 1.000,00. Logo o investimento B – A é dado por:

INVESTIMENTO B-A		
0	aplicação	- 4.000,00
1	resgate	1.000,00
2	resgate	1.000,00
3	resgate	1.000,00
4	resgate	1.000,00
5	resgate	1.000,00
6	resgate	1.000,00
7	resgate	1.000,00
8	resgate	1.000,00
	TIR B - A	**18,6%**

Para uma taxa de 18,6% a $VPL_{B-A} = 0$, e sendo assim $VPL_A = VPL_B$ e dessa maneira podemos afirmar que se a TMA < 18,6% então B é o indicado e para TMA > 18,6% então A é o mais vantajoso. Porém como nesse caso $TIR_A = TIR_B = 18{,}6\%$ então para a TMA > 18.6% temos $VPL_{B-A} < VPL_B < 0$, ou seja, muito embora A seja mais vantajoso que B, os investimentos não são viáveis.

B) Supondo que a empresa não possa contar com o capital de R$ 14.000,00, dispondo apenas de R$ 12.000,00, e que dessa maneira teve que recorrer a um empréstimo de R$2.000,00 a uma taxa de 20% a.a., que deve ser paga ao final do primeiro ano. Então, qual seria a melhor alternativa?

Solução de B)

O fluxo do investimento B:

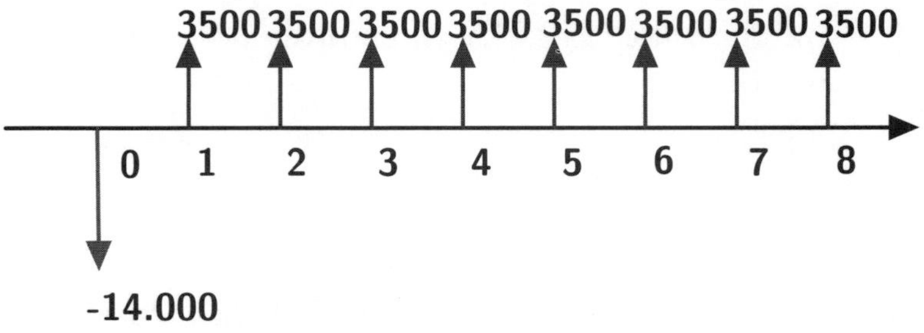

O fluxo com o empréstimo:

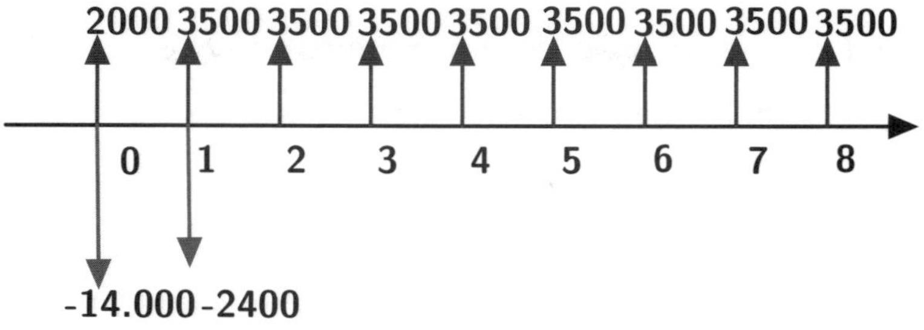

Que é equivalente a escrever:

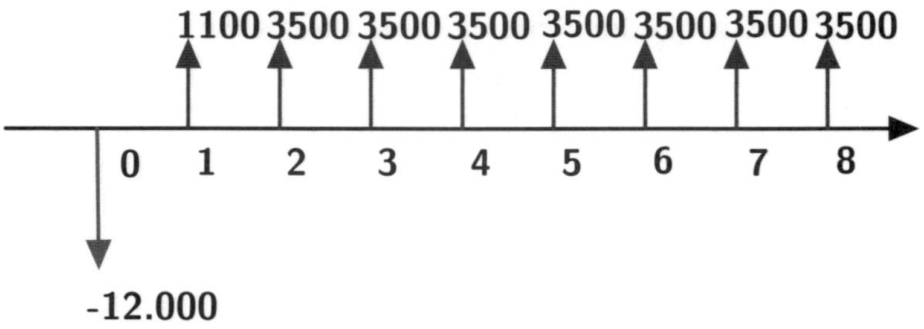

A VPL deste novo investimento é dado por:

VPL(15%; 1100;3500;....;3500) = 1,618,67, ou seja, mesmo que a empresa necessite contrair este empréstimo a alternativa B é a mais indicada.

■ Investimento na fabricação de um produto

Considere que uma empresa tenha três opções diferentes para a fabricação de um produto. As três opções têm custos iniciais diferentes e vida econômica de 5 anos, conforme a tabela abaixo. A TMA da empresa é de 11% a.a..

Anos	A	B	C	(B - A)	(C - B)
0	- 50.000,00	- 100.000,00	- 150.000,00	- 50.000,00	- 50.000,00
1	15.100,00	29.120,00	43.230,00	14.020,00	14.110,00
2	15.100,00	29.120,00	43.230,00	14.020,00	14.110,00
3	15.100,00	29.120,00	43.230,00	14.020,00	14.110,00
4	15.100,00	29.120,00	43.230,00	14.020,00	14.110,00
5	15.100,00	29.120,00	43.230,00	14.020,00	14.110,00
TIR	15,50%	16,00%	13,50%	12,40%	12,70%

Qual é a opção mais vantajosa?

Solução de Investimento na fabricação de um produto)

A opção B tem uma TIR de 16,0% a.a., que é a maior das três opções, mas como sabemos, essa informação não justifica que B seja a melhor.

O investimento incremental (B - A) mostra o retorno do fluxo de caixa necessário para escolher a opção B ao invés de A, dessa maneira investe-se R$ 50.000,00 a mais em B e obtém-se R$ 14.020,00 a mais de lucro por ano, o que resulta em uma TIR de 12,4% a.a., que é maior que a TMA da empresa (11% a.a). Assim sendo, podemos optar por B ao invés de A.

O investimento incremental (C - B) mostra o retorno do fluxo de caixa necessário para escolher a opção B ao invés de A, dessa maneira investe-se R$ 50.000,00 a mais em C e obtém-se R$ 14.110,00 a mais de lucro por ano, o que resulta em uma TIR de 12,7%, que é maior que a TIR gerada no fluxo (B - A) que é de 12,4%. Assim, concluímos através da análise incremental que o investimento C é o mais vantajoso. Calculando-se os VPLs de cada opção obtém-se:

$VPL_A =$ R$ 5.808,04 VPL_B: $=$ R$ 7.624,52 $VPL_C =$ R$ 9.773,63

Logo, utilizando o método do VPL, o investimento C é o mais vantajoso, conforme mostrou a análise incremental do método da TIR.

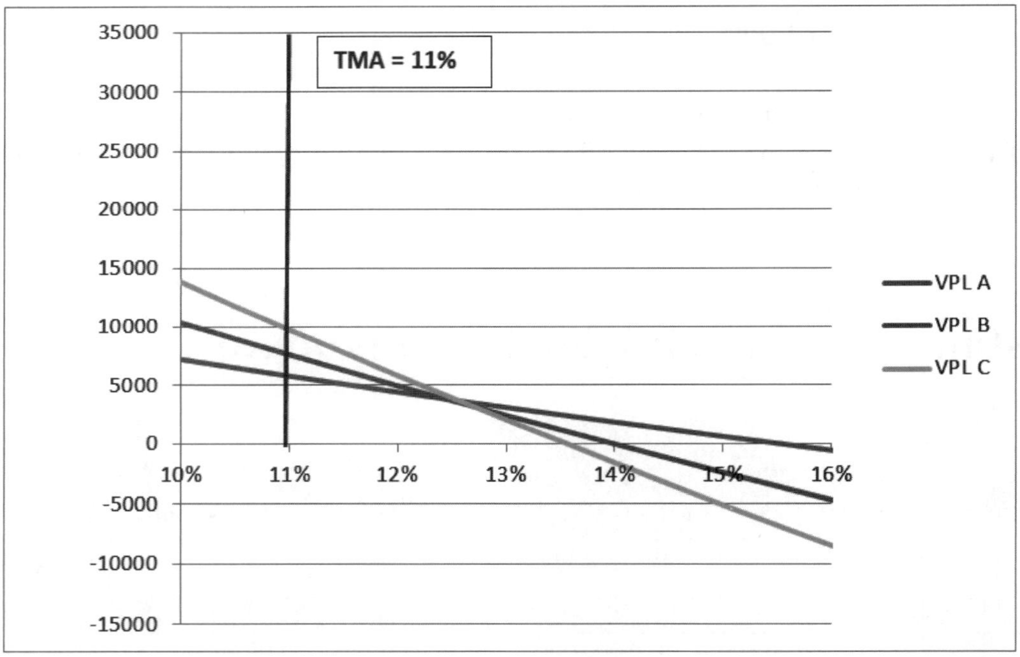

Utilizando a interseção de Fischer, podemos concluir que as análises feitas mostram que com uma TMA igual a 11,0%, C é a melhor opção, e que B é melhor do que A.

■ Sistemas telefônicos

Uma empresa dispõe de dois projetos de sistema telefônico A e B para serem implantados.

- Sistema A: Pagamento inicial de R$90.000,00 e pagamentos R$ 18.000,00 anuais por 5 anos;
- Sistema B: Pagamento inicial de R$60.000,00 e pagamentos R$ 24,000,00 anuais por 5 anos;

Qual é a melhor opção se a TMA = 10% a.a. ?

Solução de Sistemas telefônicos)

	A	B	C	D	E	F	G	H
1	**TMA**	**10%**						
2								
3		**0**	-90.000,00		**0**	-60.000,00		
4		**1**	-18.000,00		**1**	-24.000,00		
5		**2**	-18.000,00		**2**	-24.000,00		
6		**3**	-18.000,00		**3**	-24.000,00		
7		**4**	-18.000,00		**4**	-24.000,00		
8		**5**	-18.000,00		**5**	-24.000,00		
9								
10		**SOMA**	-180.000,00		**SOMA**	-180.000,00		
11		**VPL**	-158.234,16		**VPL**	-150.978,88		
12								
13				**F10-C10**	0,00			
14	=VPL($B$1;C4:C8)+C3			**F11-C11**	7.255,28	=VPL($B$1;F4:F8)+F3		
15								

■ Carro novo ou carro usado?

Um indivíduo deseja comprar um carro e tem a seguinte dúvida em sua escolha:
O carro usado consome mais combustível com custo de manutenção mais alto, porém custa mais barato que o carro novo. Vamos assumir que a TMA desse investimento seja de 15% a.a. e que o indivíduo pretende rodar anualmente 5000 km. Então:

	Usado	Novo
Custo inicial	3.000,00	8.000,00
Manutenção/Ano	1.500,00	1.000,00
Consumo	0,2 L/Km	0,05L/Km
Vida útil	4	5

Sendo assim, qual a opção mais vantajosa de compra?

Solução de Carro novo ou carro usado?)

Para o investimento no usado, teremos no instante inicial um gasto de 3.000 e durante os próximos 4 anos, um gasto constante de consumo e manutenção dado por: `Gasto = (1.500 + 0,2*5.000) = 2.500`

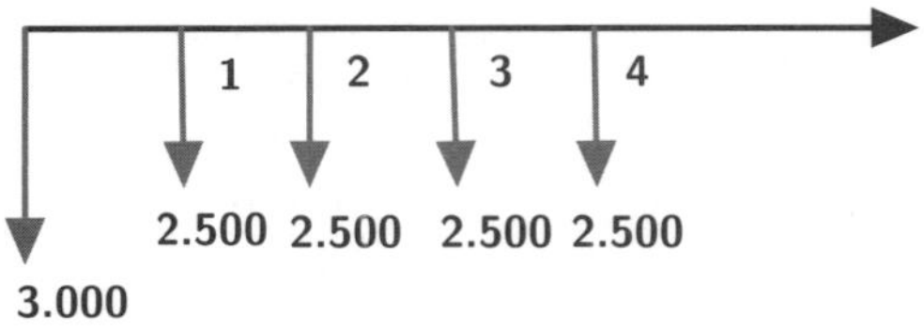

Para o investimento no carro novo, teremos no instante inicial um gasto de 8.000 e durante os próximos 5 anos, um gasto constante de consumo e manutenção dado por: `Gasto = (1.000 + 0,05*5.000) = 1.250.`

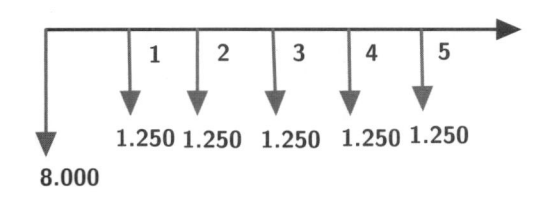

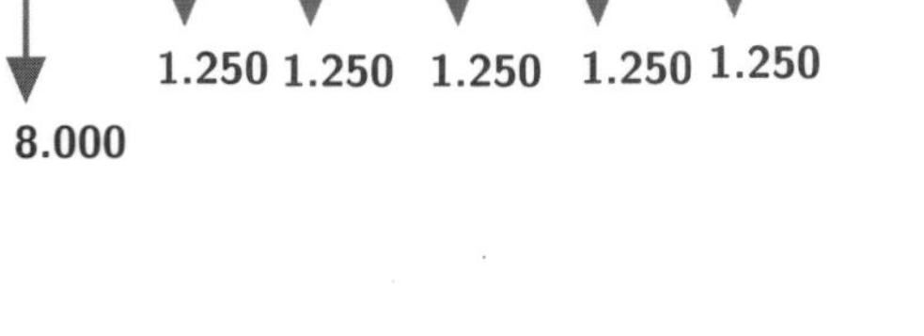

O primeiro passo para esta transformação é calcular o valor de VP, tendo como base a TMA. Assim sendo, VP(8%;2;-3700) = R$ 6.598,08 e redistribui este valor em 3 anos.

Podemos resolver esse problema de duas maneiras: Pelo cálculo da VPL de cada investimento ou transformando o investimento do carro novo em 4 anos, pois os investimentos têm tempo de vida útil diferente.

Calculando a VPL dos dois investimentos, temos:

$VPL_{usado} = -10.137{,}45$ $VPL_{novo} = -12.190{,}19$

Logo, por esse método, é mais vantajoso adquirir um carro usado.

Pelo método do VAUE sem repetição, precisamos transformar o investimento do carro novo para um período de 4 anos. Para isso, vamos calcular o PGTO referente a VPL do carro novo, em 4 pagamentos, para poder comparar os dois utilizando a TMA como taxa comparativa. Sendo assim:

$PGTO_{novo(4pagamentos)} = PGTO(15\%;4;-12.190{,}19) = 4.269{,}80$

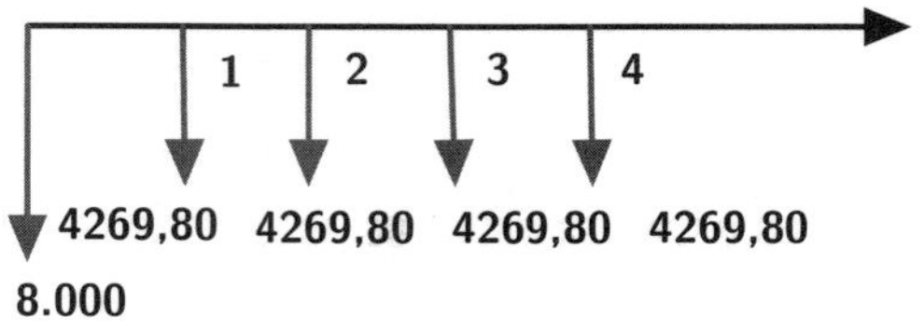

Sendo assim, temos que:

$VAUE_{novo} = PGTO(15\%;4;-8000) - 4269{,}80 = -1467{,}68$

$VAUE_{usado} = PGTO(15\%;4;-3000) - 2500{,}00 = -1449{,}20$

Ou seja, o carro usado é mais vantajoso.

6.9 Exercícios

■ Reescalonamento de dívida

Um certo indivíduo para reescalonar uma dívida fez um empréstimo em 31/10/2001 no valor de R$ 26.082,60, que ele deveria pagar em 23 títulos no valor de R$ 28.962,80 vencíveis de 15/12/2001 até 29/01/2002. Calcule a taxa de juros anual e mensal utilizadas pela corretora.

HOLIDAY		31/10/2001
Documento	Vencimento	Valor
		- 26.082,60
1	28/01/2002	5.334,56
2	29/12/2001	4.471,73
3	30/12/2001	1.546,46
4	15/12/2001	542,23
5	30/12/2001	417,12
6	14/01/2002	417,12
7	30/12/2001	391,41
8	14/01/2002	337,38
9	29/01/2002	337,38
10	15/12/2001	611,74
11	14/01/2002	509,80
12	30/12/2001	1.392,72
13	30/12/2001	1.875,19
14	29/01/2002	1.875,19
15	30/12/2001	1.992,56
16	29/01/2002	1.992,56
17	30/12/2001	488,56
18	29/01/2002	407,14
19	30/12/2001	654,89
20	29/01/2002	503,78
21	30/12/2001	1.178,96
22	14/01/2002	842,16
23	29/01/2002	842,16
TOTAL		28.962,80
TX Anual		
TX Mensal		

Comparativo de Investimentos

Uma empresa conta com R\$ 60.000,00 e dispõe de duas formas de investimentos A e B.

- Investimento A: no valor de R\$ 50.000,00 e retorna R\$ 9.000,00 anuais por 8 anos;
- Investimento B: no valor de R\$ 60.000,00 e retorna R\$11.000,00 anuais por 8 anos;

Supor que a TMA da empresa seja de 7% a.a.. Então:

A) Calcule a TIR, VPL e VAUE de cada investimento;

B) Encontre um investimento incremental A-B e verifique através da interseção de Fischer qual o investimento mais vantajoso;

C) Se a empresa não dispõe de R$ 60.000,00 para o investimento A e resolve emprestar R$ 10.000,00 para serem pagos depois de 2 anos a uma taxa de 20% a.a., então dessa maneira qual o investimento mais vantajoso?

■ Investimentos

A empresa dispõe de R$ 30.000,00 para fazer um certo investimento e estão disponíveis duas formas de aplicação:

- INVESTIMENTO A: Exige uma aplicação inicial de R$ 30.000,00, e proporciona um lucro líquido mensal de R$ 5.985,00, durante 10 meses.
- INVESTIMENTO B: Exige um investimento inicial de R$ 20.000,00, e proporciona um lucro líquido mensal de R$ 4.132,00, durante 10 meses.

Sabendo que a TMA da empresa é de 12,0%:

A) Calcule a TIR de cada investimento;

B) Calcule VPL_A e VPL_B;

C) Calcule o investimento incremental A-B para que A e B sejam comparáveis (qual é a melhor opção de investimento).

■ Análise de venda de um veículo

Um amigo pediu meus conselhos para saber se seria vantajoso a venda de um certo veículo, pela seguinte proposta:

- 1º pagamento: R$ 5.000,00, entrada dada no dia da venda, 04/02/2009.
- 2º pagamento: R$ 3.800,00, em 30 dias após o primeiro pagamento.
- 3º pagamento: R$ 3.200,00, em 45 dias após o segundo pagamento.
- 4º pagamento: R$ 1.800,00, em 45 dias após o terceiro pagamento
- 5º pagamento: R$ 1.737,00, em 15 dias após o quarto pagamento

Sabe-se que o veículo foi comprado em 04/02/2000 pelo valor de R$ 26.000,00. Sabe-se também que nos 3 primeiros anos o veículo deprecia a uma taxa média de 8 % a.a. e nos demais a desvalorização média é de 5 % a.a. Com base nesses elementos e considerando uma TMA de 0,8% a.m, determine se a venda foi vantajosa (use XTIR).

Índice Remissivo

Anotações

Anotações

Impressão e acabamento
Gráfica da Editora Ciência Moderna Ltda.
Tel: (21) 2201 - 6662